ロジクリ思

思考王国
シンキングダムの城

各章の最重要ポイントを3行
このページを切り取って部
本書のまとめとして参照
思い思いにつかっ

レジリエンス力
・ネガティブな条件をポジティブに変換する
・完璧を求めすぎないテキトー力を身につける
・人に頼ること、助けを求めることをためらわない

思考の森

ラテラル力
・答えは一つではなく複数あること
・固定観念に縛られず色々な角度
・一つで満足せず新しい次元の答

リロード力
・ダメなものも含めアイデアの数を多く出す
・固定概念を破るためにも大量のアイデアを出す
・課題を考える時間が長いといいアイデアが出やすい

類力
象限マトリ
ダブリな
ール。こ

本の街
ライブラリール

考MAP

...要約しているよ！
...壁に貼るもよし、
...するもよし、
...てね！

アイスクリーム屋
《月猫アイスパーラー》

説得力

・提案の前にまず信頼してもらう工夫を（エトス）
・「なるほど！」と腹落ちする論理を組み立てる（ロゴス）
・熱意や感情を揺さぶるストーリーを語る（パトス）

...が前提
...で考える
...えを探求する

魔法共和国
ノクティルカ

クリティカル力

・「〇〇とはこうだ」という思い込みを捨てる
・前提の妥当性を疑い、新たな視点から考える
・新たな仮説を立てて、それを検証し続ける

...クスを活用する
...）か検証する
...わりすぎない

ネーミング力

・ネーミングはその対象に命を吹き込むこと
・３Ｓ（Short, Simple, Straight）を心がける
・目、耳、口、脳、心でチェックして確認

本当に頭のいい人は
ロジカル×クリエイティブ
で考える！

ロジクリ思考

川上徹也　春仲萌絵

大和書房

　おめでとうございます！　あなたは今、未来を切り拓（ひら）くための重要な一歩を踏み出しました。あなたが社会人でも学生でも小学生でも同様です。

　まず、以下の問題を考えてみてください。

　あなたは友だちと、いくつもの路線が集まる大きなターミナル駅（たとえば新宿駅）で待ち合わせました。「細かな場所は後で決めよう。とりあえずお昼の12時に新宿集合ね」とだけ決めて、家を出ました。

　しかしあろうことか、**スマホを忘れたことに電車の中で気づきました。**快速だったのでもうすぐ新宿に着いてしまい、引き返す時間はない。

　さて、あなたならどうしますか？

　「終わった」「万事休す」「諦（あきら）める」「家に帰ってばっくれる」などといった声も聞こえてきそうですね。

　しかし「諦めたらそこで試合終了」です。

＊

　現代は、先行きが不透明で、将来の予測が困難、かつ想定外のことが次々と起こる「**VUCA時代**（ブーカ）」と言われています。VUCAとは、Volatility（変動性）、Uncertainty（不確実性）、Complexity（複雑性）、Ambiguity（曖昧（あいまい）性）の頭文字です。

　予測できなかった事態が次々と起こり、瞬時にそれに対応して、解決策を考える——。これからの時代に必要なのは、そんなムチャブリへの対応力です。冒頭の「待ち合わせ場所が決まってないのにスマホを忘れてしまった」というシチュエーションも、日常で起きるかもしれない予想外な一コマと言えるでしょう。

　このような問題に立ち向かうために、必要な考え方があります。それが本書のタイトルになっている**「ロジクリ思考」**なのです。

　論理的に考える力**「ロジカル思考」**。そして、枠組みを取っ払って自由に発想する力**「クリエイティブ思考」**。一見、正反対に見える2つの考え方を合わせた「思考法」のことで、これを身につければ、どんな予測不可能な複雑でコロコロ変わるあいまいな課題にも、冷静かつ柔軟に対応できるようになります。

　「ロジクリ思考」が必要なのは、ビジネスパーソンだけではありません。先行きが不透明で想定外のことが次々と起こる時代を生き抜いていかなければならない、小学生・中学生・高校生・大学生の皆さんにとっても、重要な能力だと言えるでしょう。そのようなお子さんを持つ親御さんにとって、子どもにはぜひ身につけさせたい能力ですし、子育て自体「予測不可能性」にあふれているという意味では、親がまず身につけておくべき能力だとも言えます。

＊

　申し遅れました。著者の一人である川上徹也です。私はコピーライターとして広告制作や企業ブランディングの現場で、数多くのプロジェクトを企画して実現してきました。私の本職である「企業の理念を旗印として掲げる川上コピー」の制作に関しては、そのほとんどが提案した原案そのままを採用いただいています。また作家として50冊以上の本を出版していますが、大半は自分が企画を考え、出版社に提案し採用されたものです。

　このような成果を産みだすために必要なのが「ロジクリ思考」でした。企画やコピーを考える時は**「ロジカル」に道筋を考えながら、時折「クリエイティブ」なジャンプ**をしてまとめ上げます。それをクライアントや出版社などに提案する時には、「なぜその企画やコピーに至ったのかの思考の流れ」を**「ロジカルにわかりやすく」**説明していきます。そうすること

で多くの場合、相手は自然と納得してその案を採用してくれます。だからこそ、これまで数えきれないくらいの企画やコピーを産みだし、それを世に出すことができたと考えています。

　一方で私は社会人向けのライティング講座で、のべ数千人の受講生を指導してきました。そして以下の2つのタイプの**「もったいないビジネスパーソン」**が多いことに気づきました。

①実務能力は高いけれど、枠をはみ出るような新しい発想は苦手
②発想はおもしろいけれど、売れる枠組みを作ったり、人に説明したりするのが苦手

　①のタイプは「ロジカル思考」に優れているのに、その枠を超えた「クリエイティブ思考」が足りません。会社員としてはある程度認められますが、たとえば斬新なプロジェクトを指揮したり、組織を離れて成功したりすることは難しいかもしれません。

　②のタイプは、「クリエイティブ思考」は優れているのですが、「ロジカル思考」が足りないために、うまく人を説得することができません。そのためせっかく考えたアイデアが実現しないことが多い。発想のおもしろさを認めてくれる人がいないと、会社員としてもフリーランスとしてもなかなか成果に結びつきません。

　「ロジカル」だけでもダメ。「クリエイティブ」だけでもダメ。現在のビジネスパーソン（そしてやがて社会に出ていく学生やお子さん）に一番必要な能力、それが**論理性（ロジカル思考）と創造性（クリエイティブ思考）をあわせた****「ロジクリ思考」**なのです。

　本書では「ロジクリ思考」を**「レジリエンス力」「ラテラル力」「リロード力」「分類力」「ネーミング力」「クリティカル力」「説得力」**の７つの能力に分類して解説しています。「シンキングダム」という世界観の

中で、ロールプレイングゲーム（RPG）風の物語を読んでいくうちに、自然と「7つの能力」を身につけることができる構成になっています。物語に登場する**ロジ姫はあなたの中の「ロジカル思考」の象徴**であり、**クリ王子はあなたの中の「クリエイティブ思考」の象徴**です。

そして、最終章ではロジ姫・クリ王子とともに7つの能力を総合した**「プレゼン力」**に挑みます。小学生高学年から大人まで楽しめる一冊に仕上げました。

回答例を読む前に自分で考えてみるのもオススメです。親御さんは、ぜひお子さんと一緒に課題を考えてみてくださいね。ひょっとしたら回答例を上回るようなユニークな答えが出てきて「うちの子、天才！」と驚くかもしれませんよ。

次ページには、あなたが「ロジカル思考派」か「クリエイティブ思考派」を診断する簡単なテストを掲載しておきました。ご自身がどちらの傾向にあるかを知ってから本を読むと、より深い学びを得られるに違いありません。本書によって「ロジカル思考」優勢の人には「クリエイティブ思考」を、「クリエイティブ思考」優勢な人には「ロジカル思考」を、それぞれ身につけていただけたらこれほど嬉しいことはありません（どちらも足りない人は両方を一気に身につけましょう）。

さあ、あなたも「ロジクリ思考」を学び、これからの時代を生き抜く力を身につけてください。

川上徹也

論理的思考（ロジカル度）チェック

1

仕事で報告するときは……

0　つい前置きからだらだらしゃべっちゃう
1　まず結論から先に伝える

2

仕事や家事をするときは……

0　目の前のこと、思いついたことからやる
1　優先順位を立てて効率的にやる

3

メモを取るときは……

0　思いついたまま書く
1　全体を把握し、整理しながら書く

4

家電やPCが壊れた！　どうする?

0　とりあえず適当に触る
1　説明書を見るなど、原因を調べる

5

友人と食事に行ったとき「このお店、繁盛してるね！」言われたら

0　とりあえず相槌はうつけど、あんまり興味ない
1　理由を推測して仮説を話す

6

街で道を訊かれた！　どうする?

0　手振り身振りでニュアンスで伝える
1　目印を伝えながら順序立てて説明する

7

調べ物をするときは?

0　WikipediaやSNSで出てきた情報源を信じちゃう
1　いくつかのソースから情報を得て比較検討をする

8

プロジェクトを始めるときは……

0　先はどうなるかわからないので、出たとこ勝負
1　ゴールまでのロードマップを立ててから実行

9

提案するときは……

0　とにかく熱意を伝える
1　エビデンスを明確にして伝える

10

失敗しちゃった！　どうしよう?

0　終わったことはしかたない。次を考えよう
1　同じことを繰り返さないために、振り返って原因を明確にしよう

まずは、あなたの中の
論理的思考と創造的思考、
どちらが優勢かを、簡単な
テストで診断してみよう！

あなたの点数は…

／10

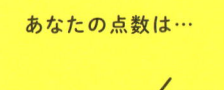

創造的思考(クリエイティブ度)チェック

1 ケーキづくりに挑戦! どう作る?
- 0 もちろんレシピに忠実に
- 1 アレンジして自分なりのケーキをつくる

2 イベントの幹事を任された! どうする?
- 0 これまでのやり方を聞いて踏襲
- 1 新しいコーナーを考えてみる

3 毎日同じ仕事で、なかなかモチベーションが上がらない
- 0 仕事だからしょうがない。ルーティーンをこなそう
- 1 同じ仕事でも別のやり方がないか模索してみよう

4 知らない街で、急に時間が空いてしまったら……
- 0 スマホで調べて定番の観光スポットへ
- 1 気のむくままに歩き、偶然の出会いを楽しむ

5 お世話になった人にお礼を贈るなら?
- 0 無難に定番のお菓子
- 1 その人らしいオリジナルな贈り物

6 会議中、みんなの意見が止まってしまった! どうする?
- 0 とりあえず誰かが話し出すまで待つ
- 1 違う切り口を提案して、流れを変える

7 スーパーで初めて見る野菜があった。どうする?
- 0 失敗するとこわいので買わない
- 1 とりあえず買ってみて試す

8 家族やグループで旅行の計画を立てるなら?
- 0 ガイドブックを参考に、定番のルートにする
- 1 旅行にテーマを設けてオリジナルなルートを考える

9 新入社員向けのマニュアルを作ることに! どうする?
- 0 過去のマニュアルをもとに、変更があった部分のみ変更
- 1 若手社員に話を聞きながら、使いやすい内容に更新

10 カレーを作ろうと思ったら、ルーがなかった!
- 0 カレーは諦めて、別の料理にする
- 1 家にある調味料や食材を使って、カレーっぽい料理を目指してみる

あなたの点数は…

/ 10

→ 次ページで結果をチェック!

あなたの点数は？

論理的思考　8点以上
創造的思考　8点以上

あなたは論理的思考も創造的思考も高い

二刀流の 「ロジクリ人間」

かも！？

本書の問題は得意なはずだから、
チャレンジしてみて！

論理的思考8点以上
＞ 創造的思考

論理的思考優勢の ロジカル人間

かも！？

本書で「創造的思考」を鍛えて、
めざせ「ロジクリ人間」！

創造的思考8点以上
＞ 論理的思考

創造的思考優勢の クリエイティブ人間

かも！？

本書で「論理的思考」を鍛えて、
めざせ「ロジクリ人間」！

それ以外の
あなた

論理的思考＋創造的思考、 両方を伸ばして 一気にめざせ、 「ロジクリ人間」！

（クリエイティブ）
創造的思考

↑10

0 |—+—+—+—+—+—+—+—+—+—→ 10
　　　　　5

（ロジカル）
論理的思考

0

自分の現在地を確認しよう！

シンキングダム。それは、とある惑星にある王国。

「斬新で優れたアイデア」の果実をつくり、それを他国に輸出することで栄えていた。しかし、近年は新興国のアイデアに負けることが多い。国民の頭が固くなり、思考に斬新さがなくなってきているのだ。

　国王シンキングは悩んでいた。自らの頭も固くなってきた。よきパートナーであったシンクイーンが3年前に亡くなってからはなおさら自分が石頭化しているのを感じる。

　このままでは、予測不可能なことが次々と起き、柔軟な思考力が必要となってくる**「VUCA時代」**を生き残ることができない。悩ましいのは、跡を継がせたいと思っている双子のきょうだい、**「ロジ姫」**と**「クリ王子」**の仲がわるいことだ。

　それぞれいい所はある。ただしどちらもバランスが悪い。論理的に考える**「ロジカル思考」**が得意なロジ姫と、発想力が豊かな**「クリエイティブ思考」**に長けたクリ王子が協力してシンキングダムを盛り上げてくれれば、かつての栄光を取り戻せるに違いない。

　そこでシンキングは、二人を修行の旅に派遣することにした。7人の賢者から与えられる課題を解くことで、新しい「思考力」を身につけてもらうために。そして「ロジカル」と「クリエイティブ」に優れた二人が力を合わせることで、とてつもなく大きな力が発揮できると実感してもらうために。

ロジとクリの、思考の旅が始まった！

プロローグ

シンキングからの試練

p13

思考王国
シンキングダムの城

第 1 章

レジリエンス力

スマホなしで新宿駅で
待ち合わせるには？

p17

第 2 章

ラテラル力

りんご3個とみかん5個、
2人で公平に分けよ

p31

思考の森

本の街
ライブラリール

第 3 章

リロード力

本の使い道を
100通り探せ

p53

第 4 章

分類力

大量のアイデアを
キチンと分類せよ

p77

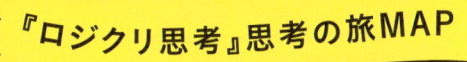

『ロジクリ思考』思考の旅MAP

最終章
プレゼンカ
p155

アイスクリーム屋
《月猫アイスパーラー》

第7章
説得力
頑固なアイスクリーム屋の
店主を説得しろ
p137

魔法共和国
ノクティルカ

第6章
クリティカルカ
世界一の
アイスクリーム屋をつくれ
p121

第5章
ネーミング力
アイドルの
プロデューサーになって
グループに名前をつけよ
p99

登場人物

シンキング

思考王国「シンキングダム」の国王。ロジとクリの父親

ロジ姫

王女、双子の姉。論理的で頭の回転は早いが、クリエイティブな発想は苦手

クリ王子

王子、双子の弟。発想力が豊かで新しいアイデアは次々と思いつくが、論理性に欠ける

ロジとクリを導く7人の賢者たち

レジリ・エンス

第1章

ピンチの時に折れずに考える「レジリエンス力」を伝授

ラテ・ラール

第2章

固定観念などにとらわれない新しい発想を生み出す「ラテラル力」を伝授

ロード・リー

第3章

尽きることなくアイデアを出し続ける「リロード力」を伝授

ブン=ルイ

第4章

論理的に物事を整理・分類する「分類力」を伝授

ネ・ミング

第5章

分類したものに的確でキャッチーな名前をつける「ネーミング力」を伝授

ル・クリティカ

第6章

前提を疑いながら分析し、問題を解決する「クリティカル力」を伝授

セット・クゥ

第7章

論理的かつ相手の心を動かすプレゼンをする「説得力」を伝授

プロローグ
シンキングからの試練

ここは、思考の王国「シンキングダム」。
ある日の宮殿でのこと。

シンキングは王の間に、子どもたちのロジ姫とクリ王子を呼び出した。

 僕、馬のエサやりの途中なんだけどなぁ……。

 こら、クリ。ちゃんとしなさい！　お父さま、いかがなさいましたか？

 二人も知っての通り、この国は、他国の課題解決をする「アイデア輸出産業」で栄えている。

 もちろん知っています。

 これまで、国民たちがみな知恵をしぼり、豊かな発想を生み出すことで、この国はここまで成長してきた。しかし今、それにあぐらをかいてしまい、国民たちが考えることをしなくなった。出てくるのはこれまでのアイデアの二番煎じ。新しいことを考えるのを嫌がり、どんどん頭が固くなってきている。

 僕、新しいこと考えるの大好きだよ！

 おまえの豊かな発想にはいつも助けられているよ、クリ。

私だって、みなの考えを整理して、分析するのは得意だわ。

 ロジ、おまえの頭脳明晰な、論理的思考力がなければ、この国のアイデアはまとめることができないだろう。
ロジカルに考えることができるロジ、クリエイティブな発想が得意なクリ、この国の未来は、おまえたちにかかっていると思うのじゃ。

 ご安心ください。このロジ、立派な王になってみせますわ。日々、お父さまの跡を継ぐために鍛錬を重ねております。
不出来なクリとは違ってね!

 ええー。

 じゃがロジ、そなたにはどうも、クリエイティブな発想が足りないところがある。

 ガ、ガーン……!

 あはは、わかるわかる!

 なんですって!?

 クリも、よく聞きなさい。そなたは自由な発想があるのはよいが、感情や感覚でしゃべってばかりで、物事を組み立てて論理的に伝えることができておらん。

 そういうのは苦手です。お姉さまに任せればいいじゃないかな……。

 いや、イカーン!!!!

うわっ、びっくりした！

 これからの時代は、「自分はロジカルタイプだから、アイデアは他の人に任せよう」とか「私はクリエイター気質だから数字とか難しいことわかんない！」では、生きていけないんじゃ！

 こんなアツいお父さまは初めて見たわ……。

 実は、近年の我が国の1人あたりGDI（Gross Domestic Idea＝国内総アイデア量）の落ちこみは深刻なのじゃ。このままではこの国は「VUCA時代」を生き抜いていけないかもしれない。

 ブーカ……何かのキャラ？

 Volatility（変動性）、Uncertainty（不確実性）、Complexity（複雑性）、Ambiguity（曖昧性）の頭文字ね。**先行きが不透明で、将来の予測ができずに想定外のことが次々と起こる時代のこと。**

 そうじゃ。このままではVUCA時代を乗り越えられなくなる。おまえたちは、そんなこの国の運命を放っておけるのか？

 いいえ！　この国の危機を救うためなら私はなんだってしますわ！

 難しいことはよくわからないけど、でも大好きなこの国の人たちを助けたい！

 でも一体、どうしたら……。

 それではお前たちに試練を与えよう！

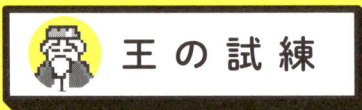

王 の 試 練

「どうしたら人々のアイデアの質と量を高め、イノベーションが起こり やすい環境をつくることができるか」、二人で協力してユニークな解 決策を考え、私にプレゼンするのだ!

 え、クリと協力?

 姉さんと?　やだなぁ……。

 二人で力を合わせて考えることは絶対じゃ。もし従わなければ、王位 継承権をはく奪したうえで、一生おやつナシ人生を送ることになる!

 エ―――!!!

 おやつなしは困る!!!

 そっちかい。

 ほっほっほ。期限は1ヶ月。もししょぼいアイデアを出してきた場合も 同様の処置をとる。心して取り組むとよい!

 い、1ヶ月……。でもこの国を救うためのアイデアなんて、どうしたらい いかわからないわ。

 ヒントを授けてくれる賢者たちがお前たちを待っておる。彼らに教えを 乞い、考える力を手に入れるのじゃ! さあ、もう時間がもったいない。さっそく行ってくるのじゃー!!

第 1 章

レジリエンス力

シンキングダムを救う旅に出たロジ姫とクリ王子。二人を待ち受ける、騎士団長レジリ・エンスの試練とは? どんな状況に置かれてもあきらめない力＝レジリエンス力を身につけろ!

スマホなしで新宿駅で待ち合わせるには？

諦めなければ解決策はある！　折れない心で乗り越えろ！

ロジ度★　クリ度★	この力を持った有名人・作品
ここで身につく力：レジリエンス力…どんな状況でもあきらめない力	野口英世／リンカーン／ルフィ（『ONE PIECE』）

 何だかんだで国王、スパルタよね……。

 ロジ姉さんと一緒なんて、気が重いなぁ。

 こっちのセリフよ！　ほんとやってらんない。私の思考の邪魔だけはしないでよね。

 ふん！　なんだよ姉さんの威張り屋！

 ふっふっふ、国王から難題を突きつけられて、お困りのようですね。

 あ！　騎士団長のレジリ・エンス！

 私は今まで、戦いの場で何度もピンチを乗りこえてきました。部下たちを鼓舞し、負け戦と言われた戦いにも勝ってきました。
新人たちが入団した際に、必ず伝えることがあります。スキルや知識よりもなによりも、大切なことは **「レジリエンス力」** だと。

レジリエンス力?

ひとことでいえば、**ピンチでも心を折れずに回復する能力**です。人生には、一度やっただけで成功するなんてことはほとんどありません。もともとの才能よりも、**逆境やストレス、困難に対応して試行錯誤していく力こそが大切**なんです。
かの有名なアップル創業者のスティーブ・ジョブズも、大学中退や、創業した会社を追放されるなどさまざまな困難に直面するたびに、それを乗り越えて、たくさんの画期的な製品を世に送り出しました。人生、「あ、もうダメかも」となってからが勝負なのかもしれません。

なるほど、追い詰められた局面で生死を分けるのが、レジリエンス力なのね。

その通りでございます、ロジ姫。お二人はこれから、賢者たちからのさまざまな課題へ取り組んでいくこととなります。差し出がましいかもしれませんが、まずはレジリエンス力を身につければ、この先、役に立つかと思いまして。

そういうことね! ぜひ、教えてちょうだい!

僕も身につけたいなぁ。

では、問題を出させていただきます。
こちらの魔法の鏡をご覧ください。これは遠い東の国"ニッポン"をうつしだした鏡です。"新宿"という街で、困っている人がいるようです。

わぁ〜どうしよう。スマホ忘れてきちゃったよぅ……。

あなたと友人は、新宿駅で待ち合わせました。
ところが、あなたは新宿に着いてから、スマホを家に忘れてきたこと
に気づきました。
着いてからLINEすればいいと考えていたので、広い新宿駅のどこ
で待ち合わせるかも決めていませんでした。
どうすれば、あなたは友人と会えるでしょう?

新宿って世界一利用者が多い駅なのよ!?　同じ駅名で色々な路線の
駅もあるし……。こんなところでどうやって会うのよ。その友だちには
悪いけど、今日のところは諦めたほうがいいんじゃないの?

え〜、それだと悪いよ。なにか考えようよ!

おっほん!　レジリエンスの意味を思い出してください。「ピンチでも
心が折れずに回復する力」でした!　あきらめない心が肝心ですぞ。
ではヒントをひとつさしあげましょうか。**相手は、スマホを持っている
可能性が高いのでは?**

確かに!　**ネットカフェのパソ
コンからSNSにログインして
DM!**　これで大丈夫でしょ!

あんた、自分のSNSのIDやパ
スワード覚えてるの?

うっ……。そうだなあ、

優しそうな人に話しかけて事情を説明し、スマホを貸してもらってインスタのDMから連絡する! どう?

 友だちのインスタに届いたとしても、知らない人からのDMを信じるかしら。警戒されるだけじゃない?

 じゃあじゃあ、**公衆電話から家にかけて、家族に自分のスマホを操作してもらったらいいんじゃない?** さすがに実家の電話番号なら覚えてるし!

 あいにく平日の昼間で、家に誰もいないようですねぇ。

 えーん! どうしたらいいんだよぉ。

 ここって駅なのよね? **駅員室に行って事情を話して、アナウンスしてもらえばいいんじゃない?**

 おぉ! さすがロジ姫。現実的で良いアイデアですね!

 ふふん。あんたとはデキがちがうのよ。

 む――。

 では、もっと頑張ってみましょう! もし何らかの事情でアナウンスが

できない、もしくはアナウンスしてもらった場所に行っても友人が一向に来ない、そんな場合はどうしますか？

 それこそお手上げよね……。

 エンスさんお願い！　もうひとつヒントちょーだい！

 今までは、スマホやSNS、アナウンスといった、機械やデジタルに頼っていましたよね。もっとアナログな方法もあるかもしれませんよ。

 アナログ……。

 はいはーい！　僕思いついた！

 では、クリ王子！

 あのね、**大声で叫びながら新宿中を走り回るの！**

 ばっか！　それじゃ他の人に迷惑でしょ！

あっはっは、ぶっとんでますねぇ！
その調子でたくさん出してみましょう！

じゃあ、**100円ショップでペンとスケッチブックを買って、ヒッチハイクの人みたいに「○○さんと待ち合わせをしてます！」ってメッセージ書いて歩き回る**のはどう？　面白いイラストなんかも添えたら誰かがSNSにあげてバズって、案外すぐ合流できたりして！

はー、あんたってやつは、ポジティブで逆に尊敬するわ。

ありがとう！

ほめてないわよ！
っていうか、待ち合わせ場所や行くお店を決めてなかったとしても、仲のいい友人なら、ある程度目星がつくんじゃないかしら？

じゃあ、**二人で行ったことのあるお店に行って、待ってる**とかは？

そこで落ち合えたら、なんだか以心伝心みたいでロマンチックね。

姉さんって意外と乙女なところあるよね。

う、うるさい！

いいですねぇいいですねぇ！
レジリエンス力が大いに発揮されてきましたね！　ここまでのお二人のアイデアをまとめると、こんな感じですね。

新宿駅でスマホなしで待ち合わせる方法

- 駅員室からアナウンスしてもらう
- ネットカフェのPCでSNSにログインして連絡する
- 公衆電話から家にかけ、家族にスマホを操作してもらう
- 通行人にスマホを借りてDMさせてもらう
- スケッチブックに「待ち合わせしてます」と書いて歩き回る
- 心当たりのある店に入り、そこに来ると信じて待つ
- 大声で叫びながら駅の中を走り回る

 ちなみに、私の独断と偏見で、実行のハードルが低い順に並べてみました。**やりやすい方法からトライしていくのもコツ**ですよ。

 なるほどなぁー。

 諦めなければやれることって、結構あるのね!

 そのとおーー! お二人には、その感覚をつかんでいただきたかったのです。

 クリ、あんたのアイデア、ぶっとんでたけど、まぁその、悪くなかったわ、、

 姉さん……! 姉さんって。

 (どんな褒め言葉が来るのかしら)

 ツンデレ属性だったんだね!

はぁ!?　わけわかんないこと言ってんじゃないわよ!

 お二人も仲が深まったようで何より何より!　私を始め、宮殿仕えの者、そして街の賢者たちもみな、お二人の試練を応援しております。次はぜひ、森に住む木こり、ラテ・ラールに会いに行ってみてください。頭がやわらかくなるヒントが聞けると思いますよ。

 エンス団長、ありがとうございました!

 楽しかったです!　エンスさーん、またねー!

こうして二人の旅は幕を開けた。はたしてロジ姫の王位継承と、クリ王子のおやつの運命はいかに!?

レジリエンス力

＼こんな状況の中でも…／

ピンチ
ストレス
困難
逆境

心折れず回復する

試行錯誤する

たとえば…「新宿駅でスマホなしで待ち合わせ」にはこんな手が！

駅員室からアナウンス

ネットカフェのPCから
SNSにログインして連絡

通行人に
スマホを借りてDM

公衆電話から家族に電話し
スマホから連絡を依頼

スケッチブックを掲げて
歩き回る

心あたりのある場所で待つ

探してま〜す!!

大声で呼びかけながら
駅の中を走りまわる

レジリエンス力とは？

レジリエンス（resilience）とは、英語で「弾力、復元力、回復力」などといった意味です。もともとは工学などの分野で、外からの力で変形した物質が、どれくらい元の形に戻ることができるかの能力のことをいいました。

それが人間において**「失敗・危機・ストレスなどに心が折れず、柔軟に乗り越える力」**という意味合いで使われるようになり、今、教育やビジネスなどの分野でも大きな注目を集めている用語です。

人生では、予想もしなかったピンチに陥ることがあります。先が見えないこれからの時代、そのようなピンチの場面が頻繁にやってくる可能性があります。そんな時に、一番必要となるのが**「レジリエンス力」**なのです。

本書では、さまざまなロジクリ思考を紹介していきますが、**すべての前提にあるのがこの「レジリエンス力」**だと考えています。なので、最初の課題として持ってきました。

エンス団長が出した今回の課題は、「レジリエンス力」が試される身近な例です。

スマートフォン（スマホ）は、現代の私たちにとって、なくてはならないものです。たった一台に、持ち主のほとんどすべてと言えるほどいろいろな情報がつめ込まれています。誰かへの連絡はもちろん、お店への支払いや電車やタクシーに乗るのも、スマホで済ましている人も多いでしょう。

それはそれで非常に便利です。しかし、それは電気やインターネットなどのインフラが、通常通り機能している前提で成り立っていると認識しておく必要があります。大災害が起これば、その前提は簡単にくつがえってしまいます。

大災害が起きなくても、今回の課題のように、忘れたり、なくした場合、どうすればいいでしょうか？

　「おわった……」と簡単にあきらめるのではなく、**他の方法はないか考え、実行する時に必要なのが「レジリエンス力」**です。ロジ姫とクリ王子のアイデアを参考に、ぜひみなさんも考えてみてください。

　ピンチの時でも「レジリエンス力」を発揮できる、5つの心がまえを以下にあげておきます。アイデアを考える際の参考にしてください。

①自己コントロールする

　ピンチな時に、あわてふためくのではなく、感情をできるだけコントロールして、今、自分の力で状況を少しでも変えられることだけに思考を集中させる。

②ネガティブな条件をポジティブに

　ネガティブな条件の中でも、ポジティブな要素をみつけて、そこに活路を見出す。

③思考のパターンを柔軟に変えて何度も試す

　平時と同じ考え方をするのではなく、違う解決策はないか柔軟に考える。一度であきらめずに、失敗から学びながら試行錯誤し何度もチャレンジする。

④テキトー力を身につける、完璧主義に陥らない

　ピンチな時に完璧をもとめすぎてはいけない。「これだけできたら上等、テキトーでもいい！」と思える力を身につける。

⑤自分ひとりでやろうとせず、助けを求める

　ピンチな時はすべて自分ひとりで解決しようと思わず、人に頼ったり、助けを呼んだりするのをためらわない。

レジリエンス力が半端ない有名人・作品

野口英世(1876~1928)医学者・細菌学者

　貧農の家庭に生まれ、幼少期に火傷をおって左手が不自由になるも、猛勉強で医師免許をとる。その後も何度も大きな挫折や失敗を経験するが、そのたびに驚異のレジリエンス力を発揮。わずかなコネを頼って渡米し、少ない時給のアルバイト研究員からどんどん出世して世界的なスター研究者になり、ノーベル賞候補にもなった。前「千円札」の人。

エイブラハム・リンカーン(1809~1865)
第16代アメリカ大統領

　「奴隷解放宣言」など、アメリカ歴代で最も有名な大統領のひとり。生家は貧しく、政治家になる前は事業に失敗して多額の借金を抱える。生涯、選挙に7回落選し、恋人を亡くしてノイローゼになるなど私生活も順調ではなかったが、そのたびに驚異のレジリエンス力を発揮。51歳でアメリカ大統領に当選する。

モンキー・D・ルフィ(『ONE PIECE』)

　尾田栄一郎による漫画作品のキャラクター。海賊王になることを目標に意気揚々と船出したルフィは、ゾロ、ナミ、ウソップ、サンジらを仲間に、破竹の勢いで成長する。大きな挫折も経験するが、持ち前のレジリエンス力を発揮（ゴム人間だけに）。２年間の修行期間を経て、もう一度海賊王を目指し再出発する。

この魔法の鏡、
プライバシーないじゃん！

第 2 章

ラテラル力

どんなときにもあきらめない、レジリエンス力を手に入れたロジ姫とクリ王子。次なる試練は、ふつうに考えても解けない課題をぶちやぶる発想力「ラテラル力」だ!

りんご3個とみかん5個、2人で公平に分けよ

固定観念＋既成概念をぶちやぶれ！

ロジ度★　クリ度★★★

ここで身につく力：ラテラル力…固定観念にとらわれず、新しい発想を生み出す力

この力を持った有名人・作品

豊臣秀吉／アインシュタイン／一休（アニメ『一休さん』）

レジリ・エンス団長に言われるがまま、なんだか怪しげな森に入ってきたロジ姫とクリ王子。

 森に行けって言われたけど、ここで合ってるんだよね？　なんだか……。

 こんなことで怖がってるの？　ったく、男らしくないわね〜。

 あ！　今の時代、そんなこと言ったらいけないんだぞ！

 じゃあ訂正させてもらうわ。こんなことで怖がってるなんて、王位を継ぐ者にふさわしくないっての！

 **ム〜〜〜〜〜〜！**

二人が言い合いながらも進んでいると、急に少し開けた広場に出た。

おやおやぁ、今日はお客さんがきて賑《にぎ》やかだねぇ、チール。

 チール?

 あははぁ。この可愛い子リスのことですよぉ。こっちはデップ。

 チール　ト　デップ　ダヨ!　ヨロシクネ!

 そのネーミング、だいじょうぶかな……?

 僕は自然を愛し、自然に愛された男、ラテ・ラールさ。
この森で木こり兼農夫として働いているんだよぉ。

 はい。あなたのご活躍は父からもよく聞いています。

 ということは、あなたはロジ姫……!　そしてお隣は、クリ王子ですねぇ?　これは、失礼いたしました!

 いいえ、いつも通りに話してくれたら構わないわ。あなたはこの国の主力産業である「アイデアの果実」の作り方、つまり、アイデアを果実に込める方法を編み出した偉大な方。**既存の概念にとらわれず、新しい角度から物事を考える「ラテラル力」**を、私たちに伝授していただけませんか?

 もちろん!　そのために、とある試練を用意しておりますぅ。さ、子リスたちよ、持ってきておくれ。

 モンダイ　コレ!

お互い納得して分けるには？

  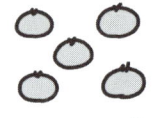  

Aさん　　りんご×3　　みかん×5　　Bさん　　切るのはダメ！

 ナイフは使わずに分ける、かぁ。なんか美味しそうで面白そうな問題！
姉さん早く考えようよ！

 りんごは3個だから1.5個ずつ、みかんは5個だから2.5個ずつでしょ。
ナイフが使えないのにどうやって半分にしたらいいかな。みかんは手
で割ればいいけど、りんごは私の握力でいけるかしら……。

 姉さん、発想がゴリラだね。

 お黙り。

 わほほ！　仲がいいんですなぁ〜。

 別に、個数や重さが完全に半分じゃなくてもさ、お互いが納得してれ
ばいいんだよね？

確かに。それならまずは、お互いりんご1個・みかん2個ずつをもらうでしょ。**それで余ったりんご1個・みかん1個、それぞれ好きなほうをとるのはどう?**

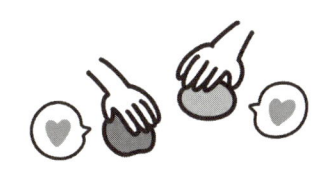

 僕、りんごがいい!

 えー! 私もりんごのほうが好きなのに!

 ム〜〜〜!

 じゃあ、**じゃんけんだ!**

 そうね! そうしましょう。

 個数は同じ4個だから恨みっこなしね。

 さいしょはグー! じゃんけんぽん!

 やったー!! 僕の勝ち!

 ふん、まあいいわ。これが姉の余裕というものよ。

 じゃあ、いただきま〜……。

 マダ ダメ!

 えぇー!!

おっほぉん。じゃんけんで分ける。シンプルかつ合理的な回答ですねぇ。スバラシ〜!!　ですが、ラテラル力を身につけるためには、あと5つの違う次元の答えが必要ですよぉ〜。

 よーし、じゃあ!

- 最初にじゃんけんして、負けたほうがりんごとみかんを2つに分けて、勝ったほうが好きなほうを選ぶ
- みかんは手で割って半分こ、りんごは2人で交互にかじる
- 大きな袋に入れて、目をつぶって手を入れて最初に触ったものをとる。それを交互に繰り返す
- そもそも好みがいい具合に二人で分かれてたら、じゃんけんもせずに好きなほうをとる

う——ん、えっとえっと、姉さん、早く!　あと1個!

 えーとじゃあ、

- 剣術の試合をして勝ったほうが好きなほうを取る

 いやそれ絶対姉さんが勝つやつじゃん……。
でも、5つは5つ!　どうですか、ラテ・ラールさん?

 ……。

 ラールさん……?

 "アレ"ガ　クル……!　ニゲテー!!

ちがぁぁあああぁあああぁう！！！！！！

ボガーーン！！！

 わぁああ！　一体何!?

 はっ……！　失礼いたしましたぁ。わたくし、全然ラテラルを理解していない答えを聞くと、怒って爆発してしまうんですぅ。

 ラテラルを理解していない？　どういうことですか？

 お二人が出してくれた回答ですが、違うパターンの答えを一気に考える思考力、それはスバラシ〜〜です！　ですが、**今出した5つのアイデアは"じゃんけんで分ける"と同じ次元**なので無効ですぅ。

 同じ次元？

 もう一度さっきの回答を見てみましょう。

- 最初にじゃんけんして、負けたほうがりんごとみかんを2つに分けて、勝ったほうが好きなほうを選ぶ
- みかんは手で割って半分こ、りんごは2人で交互にかじる
- 大きな袋に入れて、目をつぶって手を入れて最初に触ったものをとる。それを交互に繰り返す
- そもそも好みがいい具合に2人で分かれてたら、じゃんけんもせずに好きなほうをとる
- 剣術の試合をして勝ったほうが好きなほうを取る

この5つは、「勝負や好みでどちらかが先にとる」「交互に繰り返す」というやり方が共通していますぅ。そのやり方を変えただけでは「ラテラル力」が身についたとは言えません！ **もっと、まったく別の角度で考えることが、ラテラル力を養う**のですぅ〜〜〜！ あと5つ、違う次元の答えを考えてください〜！

違う次元……発想をまったく変えなきゃだめってことね。なかなかの難問ね。

早くりんご食べたいナー。

そんなこと言ってないで、どうしたら次の次元に行けるか考えてよ！

うーん……僕たちはまだまだ思い込みをしてるのかも。

っていうと?

そうだ！ 個数とかさ、形にこだわってるんだよ。だから同じ次元になっちゃうんだ。

形にこだわっている……。

（ニヤニヤ）

あっ、ミックスジュースってのはどう!?

そうか！ ナイフは使っちゃダメだけど、ミキサーを使っちゃダメとは書いてないもんね！ すごいじゃんクリ。

あ、姉さんがデレた。

 ラールさん、**りんごとみかんを全部ミキサーにかけてミックスジュースにして、2人で飲む!** これでどう?

 わぁお〜!! 最高ですぅ! その調子その調子♪

 じゃあ、**そのジュースを凍らせて、2本のアイスキャンデーにする!**

 ピクッ。

 ヒィッ。

 ラールさん、今のはなんでもないわ!
……クリ、ばか! あんたまたラールさんが爆発するわよ!!
アイスにするのは「形にこだわらず分ける」というミックスジュースと次元がいっしょでしょ?

 そ、そっか、、っていうことは、**りんごとみかんを丸ごと使った料理を2人前作るってのも……**。

 同じ次元ね。**「形にこだわらない」というアイデアに乗っかりつつ、何か別の次元にアイデアを発展させていく**必要がありそうね。

……あ！ 「他のものに交換」する！　これだわ!!

 おぉすごい！　姉さんにしてはクリエイティブ力が冴えてる！

 一言多いって。

 じゃあ何に変える？

 そうね。**果物屋さんに売って、お金を半分に分ける**。これなら腐らないし、明確に分けられるし、いいんじゃない？　私は新しい武具の貯金に回そうかな。

 なんか姉さんらしい、現実的な発想だなぁ～～。

 なんか文句あるの？

 僕はチョコレート屋さんでチョコと交換してもらうのがいいなぁ。店番のポニーテールの子が可愛いんだよ。

 私情をはさまない！　それにチョコレートに換えたってバナナに換えたっていいけど、肝心の"回答の次元"が同じだからね。

あ、そうだったそうだった。

 ふふふ、楽しんでますねぇ。他のものに交換する、という視点、いいですよぉ〜。これで3つ目。半分まで来ましたねぇ。

 ガンバレ　ガンバレ！

 今までのアイデアを紙に書き出してみましょう。

1.形にこだわって分ける　ex）じゃんけん
2.形にこだわらないで分ける　ex）ミックスジュース
3.他のものに交換する　ex）売ってお金などに換える

 おぉ〜、こうやって書き出してみると整理されてわかりやすいね。

 でしょ！

 何か見えて来ましたかぁ？

 そうねえ、ここから論理的に考えると、何か別のものを登場させるのがいいかも。触媒のような……。

 そうだ！　もう一人の人物、Cさんを登場させようよ！

 なるほど！　それ、いいね！

 「AとBはりんご1個・みかん2個ずつを受け取り、残ったりんご1個とみかん1個をCさんにあげる」。ラールさん、これが4つ目の次元の回答だよ！

 わぁ〜!!　素晴らしいですぅ!　さすがぁ!

 やった!

 では、"別の人を出す"という同じ次元でも、何個かアイデアを出して みましょうかぁ。

 えっ……爆発、しませんよね……?

 あははぁ!　大丈夫ですよぉ!……多分。

 多分……?

 でも、**同じ次元の答えをいくつか考えることはブレイクスルーのヒントになる**と思うわ。

 だったら色々思いつくよ!

 私もよ!　じゃあ交互に言い合っていきましょ。

 Cさんに全部渡して、Cさんの判断で分けてもらう!

 兵士団に差し入れとしてプレゼントする!

広場にいる大道芸師に全部あげて、お礼に好きな芸をリクエストしてやってもらう。

 あ、なんかそれ楽しいわね。

 いい感じですぅ！　最後のアイデアでは、新たな人を登場させつつ果物を報酬_{ほうしゅう}としているので、0.4次元くらい上がっていますよぉ！

> 1.形にこだわって分ける　ex）じゃんけん
> 2.形にこだわらないで分ける　ex）ミックスジュース
> 3.他のものに交換する　ex）売ってお金などに換える
> 4.第三者を登場させる　ex）Cさんにあげる

 ラールさん、これって今すぐ分けなくてもいいの？

 大丈夫ですぅ！（いい視点の予感、ゾクゾク……）

 何か思いついたの？

 りんごとみかんを植えて育てて、できた実を二人で分ける！

いいわね！　そしてできた実をさらに植えて育てて、果樹園を経営して利益や株式を折半して……ジュルリ。

 姉さんの野心家なとこが出てる。

 いいですねぇ〜。実際にできるかどうかはわかりませんが、思考実験の発想として大いにけっこうぅ！　さぁさぁ、残る次元はあと1つですよぉ〜。

1.形にこだわって分ける　ex）じゃんけん
2.形にこだわらないで分ける　ex）ミックスジュース
3.他のものに交換する　ex）売ってお金などに換える
4.第三者を登場させる　ex）Cさんにあげる
5.育てて将来的に分ける　ex）実を植える

 はぁ、、とはいっても、そろそろお腹も空いて疲れてきたなぁ。。なんかもう、**りんごもみかんも2人で分けないで放っておいて遊びにいきたいよ〜**。

 何フヌけたこと言ってるの！　あと1つなんだからしっかりしなさい！

 ……ぷるぷるぷる。

 ほら!!　またラールさんがイライラして爆発しちゃ……。

 スバラシぃ〜〜〜!!!

 ……へ？

いえ今回、ほかのさまざまな次元とも違う、もう1つの次元があったのです。それが**"命題外し"**なんですがぁ……。

 命題外し?

 命題外しとは、**そもそもの課題を無視して、勝手に遊んじゃう**、みたいなことですぅ。

 ええ、じゃあ、りんごもみかんも二人で分けずに放っておいて遊びにいきたいよ〜っていうのも、二人が納得していたらアリってこと?

 実はそうなんですぅ。ズルいといえばズルいですが……。
さすがです。
この調子で、残り1つの次元もクリアしちゃってください!

 おおお! 僕って天才なのかな!? やる気出てきた!

 ゲンキンなやつ……。とはいえやる気になってくれてよかったわ。

 5つ目は、「育てて将来的に分ける」ってことだったよね? 果実やお金だけじゃなくて、「何か体験を共有する」ことも、分けるっていえるんじゃないかな。りんごとみかんを、二人で実施する新しいプロジェクトの種として使うのは?

 わぁ! 体験で分ける、新しいプロジェクト、すてきですぅ!
具体的には?

AさんとBさんで、りんごとみかんを元手（もとで）に、物々交換する旅に出る！　わらしべ長者的に、ゴールは家を手に入れるとか……。

 かぁー!!!　面白いですぅ！

 せっかくなら撮影しておきましょうよ！

 それを面白く編集して YouTube で "アップル＆オレンジちゃんねる" を開設！　バズったら二人だけじゃなくて、数万人、数百万人の人と体験を共有できるよ！
再生数が増えたら、その収益で本当に家が買えちゃうかも！

 じゃあこれまでの次元をまとめるわよ。「命題外し」は例外だから最後にしとくね。

---

1. 形にこだわって分ける　ex）じゃんけん
2. 形にこだわらないで分ける　ex）ミックスジュース
3. 他のものに交換する　ex）売ってお金などに換える
4. 第三者を登場させる　ex）Cさんにあげる
5. 育てて将来的に分ける　ex）実を植える
6. 新規プロジェクトの種として使う　ex）物々交換の旅に出る
7. 命題外し　ex）放って遊びに行く

スバラシィイィいいイィィィイ！！！！！

ボガ——————ン！

 へ……。

 ラールさんがまた爆発した……。

 ラテ・ラール　イイコタエ　デ　コウフン　シテモ　バクハツスル。

 もっと早く言いなさいよ！　髪がぐちゃぐちゃ〜〜。

 わ、気を失ってる……。

 ダイジョブ　ヨクアル　コト。

 ねえ僕たち、ラテラル力の試験、合格ってことでいいん……だよね？

 たぶん……。

こうして二人は森を後にした。
クセの強いラテ・ラールの試練は楽しかったけどヘトヘトに疲れてしまったので、図書館でゆっくり本でも読んで休憩しよう、となったのだが……。

次元を変えてブレイクスルー！
ラテラル力

お互い納得して分けるには？

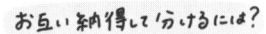

 Aさん　 りんご×3　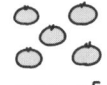 みかん×5　 Bさん　 切るのはダメ！

多くの人が
思いつく

好きなほうを取る　じゃんけん　半分ずつかじる

…❶形をもとに
　分ける

ミックスジュースにする　　ジュースを凍らせ2本のアイスに

……❷形にこだわらず
　　分ける

8本のバナナに換えて4本ずつ分ける　　売ったお金を山分けする

……❸別のものに
　　交換して分ける

あげる/分けてもらう/
報酬として渡して何かしてもらう

………❹別の人を登場
　　　させて分ける

植えて育てて成った実を分ける

……❺育てて、将来的に
　　分ける

りんご＆みかんYouTuberになる

…………❻新規プロジェクト
　　　　の種として使う

放っておいて遊ぶ　　道具として使う

…………❼命題外し

このあたりのフェーズの答えを思いついた人はラテラル力ばっちり！

なかなか
思いつかない

ラテラル力とは

「ラテラル（＝lateral）」とは、英語で「側面の」「横からの」「水平の」といった意味合いをもつ単語です。

そこから、何かの問題を解決するために、**固定観念に縛られず、「物事を多角的に考えることで新しい発想を生み出す」思考法を「ラテラル・シンキング」**と呼ぶようになりました。イギリス人のエドワード・デ・ボノ博士が、1967年に提唱した考え方だと言われています。

ラテラル思考で一番重要なのは**「先入観から自由になり、常識にとらわれない」**という考え方です。

ラテラル思考を使った問題例「アイスクリームとゴミ問題」を考えてみましょう。

「昔々、ある大きなイベントで、当時はまだ珍しかったアイスクリームのテイクアウトが出店しました。暑かったこともあり飛ぶように売れました。しかし食べた後のカップやスプーンが会場内に捨てられ、ゴミがあふれることが悩みでした。どうすれば、この問題を解決できるでしょう?」

あなたならどんなアイデアを考えますか?

ロジカル思考であれば「ゴミ箱をたくさん設置する」という考えになりそうです。しかし、それでは根本的な解決にはなりません。これまでもゴミ箱は設置されていたからです。

この問題を解決したのは、以下の答えでした。

「隣のワッフル屋に頼んで、食べられるコーンのカップを作り、ゴミが出ないようにした」

　普通に考えれば、「カップのゴミを減らす」ことを問題の前提に置きがちですが、**食べられる容器に変えることで、そもそもゴミが出ないようにする**（同時にお客さんの満足度も高める）というアイデアは秀逸（しゅういつ）です。

　これは、1904年のセントルイス万博であったアイスクリームコーン発明の実話をわかりやすく改変したものです。実際に、ラテラル思考の「先入観から自由になり、常識にとらわれない」を実行しています。

　「ラテラル力」とは、このような**ラテラル思考を使って新しい解決法を考える能力**のことです。「ラテラル力」があれば、今までの常識を超えた新しいアイデアが生まれる可能性があります。

　ロジカル思考は、思考を縦に掘っていくイメージですが、ラテラル思考は、**発想を横に広げていきます。** ロジカル思考では論理的に正しい結論は一つですが、ラテラル思考では**答えは複数あります。**

　どんな突飛なアイデアであっても、問題解決につながるものであればOK！答えは多ければ多いほど望ましい。他人のいかなるアイデアに対しても、**「それも正解！」という姿勢で乗っかっていく**ことも重要です。

　「ラテラル力」を身につけるためには、意識して既存の枠組みを外し、**視点を変えること**（リフレーミング）が重要です。普段から色々な視点で物事を考える習慣をつけましょう。たとえば、自分と性別も年齢も違う人間の立場になってみる。犬・猫・鳥などの視点から物事を見てみる、など。

　また、大きな困難を打破する「ブレイクスルー」を得るためには、その答

えが**「違う次元（レイヤー）になっている」**ことが重要です。

　たとえば、ラテ・ラールが出題した「りんごとみかんを2人で分ける」問題では、以下のように視点を変え、違う次元の回答になっていきました。

① 　形にこだわる
② 　形にこだわらず分ける
③ 　別の物に交換して分ける
④ 　別の人を登場させて分ける
⑤ 　育てて将来に分ける
⑥ 　新規プロジェクトの種として使う
⑦ 　命題外し（道具として使う。放っておいて遊ぶ）

　どれも正解ですが、ずっと①の次元でアイデアを出していたとすると、なかなかブレイクスルーにはつながりません。問題の前提を疑うことで、②以降のブレイクスルーにつながるのです。

　新しく出たアイデアに乗っかることも重要ですが、**ある程度、同じ次元のアイデアが出てきたら、意識して次元を変える必要があります。**

豊臣秀吉 (1537~1598) 戦国・安土桃山時代の武将

日本史上、最も大出世を遂げたといわれる武将。まだ身分が低かった木下藤吉郎時代、織田家の重臣たちが次々と失敗した墨俣に出城を築くプロジェクトに名乗りをあげる。現地で建設すると敵の攻撃を受けるため、はるか上流からパーツを川に流して現地で一気に組み立てるというラテラル力で「墨俣一夜城」の奇跡をなしとげる。（のちの創作という説も）

アルベルト・アインシュタイン (1879~1955) 物理学者

20世紀を代表する理論物理学者。誰もが絶対的な前提としていた「時間の進み方は常に変わらない」を疑う究極のラテラル力で、「特殊相対性理論」をつくりあげた。この理論により、絶対的な存在だった時間と空間が、運動状態によって変化する相対的なものへと修正された。

一休 (アニメ『一休さん』)

室町時代の禅僧・一休宗純の少年時代の説話『一休咄』などをもとに創作されたアニメの主人公。お寺で修行中の小坊主である一休が、さまざまな「とんち」（その場に応じて即座に出る知恵）を使って大人たちをギャフンと言わせる物語。一休がくりだす「とんち」は一種のラテラル力だと言える。

第 3 章

リロード力

常識にとらわれないラテラル力を身につけたロジ姫とクリ王子。休息に訪れた図書館で、伯爵家の放蕩息子ロード・リーと出会ってしまい、とんでもないアイデアの数を考え出すことに……！

本の使い道を100通り探せ

とにかくアイデアの数を出しまくれ！

ロジ度★★　クリ度★★

ここで身につく力：リロード力…アイ
デアを次から次へと生み出す能力

この力を持った有名人・作品

秋元康／トーマス・エジソン／
『ドラえもん』（藤子・F・不二雄）

 ふぅ……さっきはなんだかドッと疲れたね。

 ほんと、先が思いやられるわぁ。

 でもこのりんごおいひいよ！　甘味がすごくて……もぐもぐ。

 食べながらしゃべらない！

ラテ・ラールの試練で手に入れたりんごとみかんを頬張りながら歩いていると、森を抜けて、本の街・ライブラリールにたどり着いた。

この街は、特殊な魔法で本たちが組み合わさり、家や店などの建物から道路まで、すべてが本でできている。魔法を使えば、それらの本を取り出して自由に読むこともできる。
この世界の、ありとあらゆる歴史や知恵が詰まった場所だ。

 うわぁ、すごい！　街が全部本でできてる……。

小さいころ、一度王家の皆でここに来て、街のみんなと読書会をしたことがあったわね。

 あ、あれってここだったんだ。楽しかったなぁ。国のはずれにある街だから、大きくなってからはなかなか来る機会がなかったよ。

 フランツ・カフカ曰く、「書物は我々のうちなる凍（こお）った海のための斧（おの）なのだ」

 その声は!?

 フフフ、きっとここに来ると思っていましたよ！　クリ王子、お目にかかれて光栄です。ワタクシ、リーと申します。

 （あ、伯爵家の放蕩（ほうとう）息子で有名な人だ……）ロード・リーさんですね。よろしくお願いします。

 プリンセス・ロジ。あなたのピンチを聞いて、ワタクシ、すぐに旅から戻ってまいりました。僭越（せんえつ）ながら、**アイデアを次々に量産できる、リロード力**をあなたがたに授けたい。

 姉さん、なんだか静かだね。

 私……コイツ苦手なの……。

 あぁロジ姫、「あなたがお菓子なら頭から食べてしまいたいくらい可愛らしい」

 芥川龍之介の恋文はやめて。

 あぁ！　そんなところも愛おしい。あなたの魅力的なところなんて

1000個でも2000個でも言えますよ！　透き通った肌、艶やかで豊かな髪、意志を感じるまなざし、秀でた論理的思考力……。

 もういい！　充分!

 ニコニコ。

 はぁ……。

 珍しく姉さんが弱ってる。

 せっかくだけどロード・リー。別にリロード力はいらないわ。アイデアは、質の良いものが1つあれば充分でしょう?

 実は、そうでもないのです。**質の良い1つのアイデアに辿り着くためには、数多くのアイデアを出すことが一番の近道**なのですよ。

 なんとなくわかる気もするけど、どうして?

 つまらないアイデアも大事だからです！　**リロード力の法則① 「ダメなアイデアを考えることで、いいアイデアがわかる」** のです。

 ## ダメなアイデアを考えることで いいアイデアがわかる

 アイデアの質は考えた量に比例します。 100案のうち1つでも使えるアイデアがあれば御の字。千三つという言葉もありますから。

 商品開発や不動産の契約などで、1000おこなったうち、成功するのは3つぐらい、みたいな意味だよね。

千三つ……0.3%か。

 アインシュタインは240本の論文を書きましたが、そのほとんどは誰からも引用されておらず、エジソンは白熱電球を発明するために2万回の失敗をしました。

 偉人たちも、とんでもない数の挑戦をしてたんだ……。

 さすがにそこまでアイデアを考えていると夜が何回か明けてしまいますので、今回は、100個のアイデアを考えていただきます!

 でも、何について?

問　題

本の使い道を100個考えよ。

 え、本の使い方って……「読む」以外にあるの?

 型破りな考えをしないと、この問題はクリア出来なそうだね。なんだか僕、ワクワクする!

 さっすがプリンス・クリ!
そうなのです。それこそが**リロードの法則②「数を出すことで、無意識にある固定観念が外れやすくなる」**です。

アイデアの数を出すことで無意識にある固定観念が外れやすくなる

たくさん量を考えるには、**どこかで常識的な枠組みを超える必要があります。そんな時に生まれたアイデアは斬新なものになる可能性がある**のです。

やったー！　僕、リロード力の才能あるかも!?

私は、アイツもこの問題も苦手だわ……。

フフフ。それでは場所を移しましょうか。

3人は、本のレンガ道を歩き、栞（しおり）の橋を渡り、ライブラリールの街の核である、中央図書館にたどりついた。

わ……すごい本の数だなぁ。

やっぱりいいわね。図書館に来ると、落ち着いた気持ちになれる。

あぁプリンセス。『華麗なるギャツビー』のセリフを借りるなら、「地球上のすべての瞬間をあなたと一緒に過ごしたい」

……このキザ男がいなければね。

本の使い方、100個かぁ。

待って、本当に"読む"しか思いつかないんだけど、どうしよう？

せっかくなので、図書館の中をぐるぐる見て回ったり、気になった本を

手に取ってみたりしながら考えてみましょう!

 オッケー、わかったわ。

 ちいさく始めることが肝心ですからね、まずは10個考えてみましょう!

膨大な数の本が収められた棚の前を歩きながら、ロジ姫は眉間(みけん)にシワを寄せながらぶつぶつ言っている。

 本の使い方、本の使い方……。

 本当に、本がいっぱいあるねえ。

 そうね。ここにある本を読めば、科学も歴史も哲学も言語も、あらゆる知識が手に入る。

 あ!　それだよ!

 それって?

 リロード力の課題!

 でも今のはすべて、「読む」に集約されちゃうんじゃない?

 本を読んで得られる効果も、使い方になるってこと!

 なるほどね!　じゃあ……。

- 科学の知識を得て、生活に役立てる
- 戦争の歴史を学んで、平和な国づくりに役立てる
- 哲学の本を読んで、人間関係の悩みに役立てる
- 他の言語を学んで、異文化理解を深める
- ストレッチの方法を学んで、けがしない体づくりをする
- 剣術の指南書を読んで、新しい技を身につける
- 偉大な王の人生を知って、ロールモデルにする

（1〜7）

これでもう7個ね。やっぱり私は優秀だわ！

 その視点を思いついたのは僕なんだけどな……でも、姉さんがいつもの調子に戻ってきたから、まあいっか。
じゃあ僕も！

- 動物の本について読んで、馬ともっと仲良くなる
- 料理のレシピ本を見て、ピクニックのお弁当のおかずをつくる
- 道で見かけた花を図鑑で探して、名前を知る

（8〜10）

これで10個だ！

 でもこれ、結局は全部"読む"よね。これで良いのかやっぱりちょっと不安になってきた。

 「リロードの法則その1」を忘れたの？　もし仮につまらないアイデアだったとしても、数を出すことが大事って言ってたじゃん！

 あんた、吸収力がすごいわね……。

二人は、ロード・リーのもとへ報告しに戻った。

ということで10個考えてみたけど、どうかな、ロード・リー？

 10個の壁、突破おめでとうございます！　さすがです！

 あなたの言った通り、いろいろ見ながらずっと考えていると案外スムーズに出てきた。

 そうなんですよ、プリンセス！　それが、**リロードの法則その3、「量を考えることで、課題について考える時間が長くなる」** です！

 **リロード力の法則③** アイデアの**量を考える**ことで課題について**考える時間**が増える

 常に考えることで自然とインプットも増え、良いアイデアが生まれやすくなるのです。

 勉強になります！

 でもあと90個、出せる気がしないわ。

 フフフ、もうお二人はラテ・ラールさんから、ブレイクスルーするためのヒントをもらっているのではないですか？

 あっ、**次元を変える**……！

 わかったー!!　本を読まずに、本の形を物理的に使うのはどう？

 物理的……。

 例えばさ、**みんなで集合写真撮るとき、三脚がなくて高さが足りな**

かったりすると、本を積み上げてその上にカメラを置いて撮ったりしない?(11)

 あー!

 良いですねぇ！　その視点で今度は20個くらい、ガンガン考えてみましょうか。

 クリが出してくれたように、何かの道具の代替として使う方法はたくさんありそうね。

 こんなのはどう?

- 枕として使う
- 鍋敷きにする
- ブックエンドにする
- ドアストッパーにする
- コースターにする
- ハエタタキにする
- 踏み台にする
- メモ帳にして書き込む
- キャンプの薪代わりにする

（12〜20）

 こら！　本をそんな使い方するなんて許さないわよ！

 まぁまぁ、本当にするわけじゃないからさぁ。

 そうですね、怒られそうなものもありますが、いったん倫理観は取っ払って、リミッターをかけずに突飛なことや非現実的なことを考えることも大事です。

じゃあ今度は、本の形を使って楽しむ方向で考えてみようかな。

- **ドミノ倒しに使って遊ぶ**
- **文庫本ジャグリングをする**
- **花を挟んで押し花にして楽しむ**
- **振ったり叩いたりして楽器にする**

（21〜24）

 私、ミステリー小説が好きなんだけど、こんなのはどうかしら？

- **袋に詰めて殺人の凶器として使ったあと、本棚に戻して完全犯罪**
- **秘密の文書を隠す場所にする**（25・26）

 わぁ、ありそう！

 ふふん。

 あ、じゃあこういうのは？ **肩とかにぐりぐり押し当てると気持ちいいから、指圧ツールとして使う。**（27）

 倫理的にどうかは置いておいて、これでアイデアは27個。あ、私そういえば気に食わないことがあって。

 何？

 難しい本を、**これみよがしに持ち歩いてかっこつけのアクセサリーにするやつよ。**ろくに中身なんで読んでないんだから！（28）

 まあまあ、いいじゃん！ それも立派な本の使い方ってことで。じゃあ、かっこよさげな本を使うってところから派生して……。

- 部屋に置いてインテリアにする
- オフィスにオブジェとして展示する

（29・30）

これで、本の形を使うアイデア30個クリア！

 ブラボー！　お二人の掛け合いも大変楽しかったですよ。ここまでで30個のアイデアが出ましたね。

 うん、けっこう楽しいかも。

 ねぇねぇ、じゃあ次はさ、「読む」「形を使う」どちらか問わずに、何か1つのテーマをつくってアイデアを出してみるのはどうかな。

 1つのテーマ……そうね、なんだろう。"癒し"とか？

 姉さんが癒しなんて、だいぶ疲れてるんだね……。

 私だって癒されたいときくらいあるもん！　子猫の写真集を見てホゲ〜っとする、みたいなさぁ。（31）

 でもそれいいね！　考えてみようよ。僕、インクの匂いって大好きなんだよねぇ。僕の場合は、本の匂いを嗅いで癒されるのはあるかも。（32）　他には……。

- 絵本の中の可愛い動物を眺めて癒される
- ベッドに入ったら、難解な哲学書を読んで眠りをさそう
- 笑えるギャグマンガを読んで、悩みを吹き飛ばす
- 超タイプの人が表紙の本を眺めて、うっとりする
- 丘の上の大きな木の木陰で小説を読んで心地よくなる
- ファンタジーを読んで、コワい姉から現実逃避する

（33～38）

 ちょっと最後！　……まぁいいわ。私も"癒し"テーマで本を使うアイデアを出すわ！

- お父さまからもらった大切な本を抱きしめながら寝る
- ミステリーを読んでドキドキしてストレス発散
- 雑誌をぱらぱらめくって、そよ風を浴びる
- ページをめくる感触だけに集中する瞑想（めいそう）をおこなう
- 箔（はく）押し印刷された本の表紙をなでて感触を楽しむ
- 心やさしい弟の出てくる絵本を読んで、現実の可愛げのない弟からのストレスを軽減する

（39～44）

 ははは、最後やり返された。

 ま、何はともあれ、これで44個まで来たわね。

 ねぇリー！　もっと考えるヒントを教えてよ！

 しょうがない、秘密兵器の出番ですかねぇ。

その時ロード・リーが、スッと一冊の本を掲げた。

その本は?

 ジェームス・W・ヤング『アイデアのつくり方』。まさにワタクシのバイブルとも言える、アイデアを考えたい人全員に読んでほしい名著です。

ロード・リーはおもむろに、その本の28ページを開いた。

 曰く、

> "アイデアとは既存の要素の
> 新しい組み合わせ以外の何物でもない"
> (ジェームス・W・ヤング)

 !

 アイデアは組み合わせでしかない、って本当? でも、言われてみれば確かに……。

 そして、これこそが、**リロードの法則④**につながるのです。それは、**「アイデアの量が多いとそのぶん、新しい組み合わせも生まれやすくなる」**。

 **リロード力の法則④** アイデアがたくさんあるとその分、新しい組み合わせも生まれやすくなる

 その組み合わせは、**一見親和性がなさそうな正反対のもの同士ほど、斬新なものになりやすい**ですよ!

なるほどなぁ！　本と正反対なものか……。スポーツとかはどう？　姉さんも好きそうだし。

 いいわね！　二人で考えて書き出してみましょ。

- 本のジム：ダンベル代わりに本を使う
- 読書フィットネスバイク：読書しながらバイクをこぐ
- ブックバランスヨガ：頭の上に本を乗せてヨガ
- ブックバランス平均台：頭の上に本を乗せて平均台
- ブックバランスリレー：頭の上に本を乗せて競争
- 積み本高跳び：高く積み上げた本の上を跳ぶ
- 本の障害物競争：本を積んでそれを跳びながら走る
- 本のリレー：本をバトン代わりにしてリレー
- ブックフリスビー：本をフリスビー代わりに使用
- ブックピンポン：本をラケットにした卓球
- ブックテニス：本をラケットにしたテニス
- ブックドミノレース：本を並べ、早く全部倒す競争
- ブックダーツ：本を的にしてダーツを投げる
- 読書マラソン：1日で何冊本を読めるかバトル
- 読書リレー：本を回し読みしてタイムと内容理解度をバトル
- 積読タワー対決：読んでいない本を積んで高さをバトル
- ページ当て競争：指定されたページを開くバトル

（45〜61）

 ふぅ、たくさん出せたぞ〜！

 相変わらず罰当たりなのが多いけどね。

 やるならどれやってみたい？

 読書しながらフィットネスバイクね。心も体も同時に鍛えられて効率的

だと思わない？　王族たるもの、文武両道を目指さなくてはね。

 僕は姉さんみたいにタイパだけで物事を考えないから、友だちと読書リレーしてコミュニケーション力を高めたいな！

 いちいちカンにさわる言い方……。

 も〜う、せっかく60個以上のアイデアまで来たっていうのに、お二人とも素直じゃありませんねえ。そうだ！　せっかくだから、本を使ってお二人が仲良くなるようなアイデアを考えてみてください！

 なんでそんなの考えなきゃいけないのよ！

 本でワタクシとプリンセスの愛を育むアイデアでもいいのですよ？

 ウッ……それはもっと嫌。

 ははは！　まあまあ、実行しろというわけじゃないのですから、さあ考えてみてください！

 要は、二人ならではの、本の楽しい使い方を考えればいいんだよね。

 なんかここで引いたら負けな気がするから、私から先にアイデア出すわね！

- 読んでほしい本をプレゼントする
- 毎週おすすめの本を1分プレゼンし合う
- 書店でお互いにぴったりの本を選び合う
- 読み終えた本の交換会をする
- 二人で課題図書を決めて同時に読み、感想を言い合う
- 本を使ってクイズを作り、出し合う

- 難しそうな本やイケてる本でマウントをとり合う

（62〜68）

 ねえ、なんか最後のやつ不穏なんだけど……まあいいや。これは僕、たぶん得意だぞー！

- 物語の続きを二人で想像して語り合う
- 1ページずつ、交互に朗読する
- 物語の舞台に実際に行ってみる
- 二人でキャラクター分担して音読する
- 本自体を擬人化したキャラクターにして、カップリングさせる
- 書店で本を見ながら、本のタイトルでしりとり
- 二人で好きな本のPOPを描く
- 片方が親役、片方が子ども役になって読み聞かせごっこ
- 本を読んでる姿のプロフィール写真を撮り合う
- 読んでない小説の表紙とタイトルから、内容を二人で想像する
- 読んでないビジネス書の内容をそれっぽくデタラメに解説する
- すでに読んだ本のタイトルを勝手に変えてみる
- 好きな絵本のキャラクターになりきって10分会話する

（69〜81）

どうだ！

 へぇ……おもしろそう。それならクリとやるのも楽しいかもね。

 なんか、1章に1回くらいはデレてくれるみたいだね。

 メタいこと言うんじゃないわよ。

 フフフ、お二人の絆もリロード力も深まってきましたね。80アイデア集まりました！

さっき出したやつ、二人だけじゃなくて、みんなでできそうなアイデアも結構あったよね。最後は大勢でできるアイデアを出してみるのはどう？

 ご自分から新しい視点を発想されるとは、やはりさすがプリンス！

 じゃあまず、さっき出したアイデアから、進化させられそうなものをいくつか出してみましょ！

- 課題図書を決めて、読書会を開催
- ひとり1行ずつ順番に音読していく
- 全員で合唱のように朗読する
- 本を使ったクイズ大会を開く
- 本を使った合コンを開く
- 本を使ったスポーツ大会を開く
- 本を使ったアートをみんなで制作する
- 本の宝さがしをする（提示された物語の一節が図書館のどこにあるかを探すゲーム）
- 参加者全員で、本の交換会をする
- 大勢で小説の聖地巡礼ツアーをおこなう

（82〜91）

 わ！　さっきよりもっと楽しそうになってきた！

 さぁさぁ、あと10個きりましたよ！

 ようし、考えるわよ！

- 本のタイトルでビンゴ大会
- 書名がわからないようにして、本のプレゼント交換会をする
- 絵の教則本をみんなで買って、みんなで一緒に絵を描く

- みんなで絵を描いてしおりを作り、好きな本に挟む
- 速読の方法を教える教室を開く

（92〜96）

 教室っていい視点かも。ねえ、せっかくなら国民の学びを深めるような、もっと大規模な取り組みをやってみましょうよ!

- 読書感想文コンテストを開催する
- 功績を残している各分野の専門家や有名人の"人生を変えた1冊"をインタビューして記事にする
- 子どもたちに読書の楽しさと重要性を伝える講演をする
- 「子どもの頃読んでよかった本選挙」を開催して、1位になった本を国内の全小学校に配る

（97〜100）

 100アイデア、できたー!!!

 ワタクシ感動しました!! この国の将来は安泰（あんたい）です!

 いえ、まだまだ気は抜けない。今の私たちでは、まだお父さまの試練に応えられる力を持ち合わせてないわ。

 おお、国民思いで真面目なプリンセス・ロジ……。シェイクスピアの言葉を借りるなら「君を夏の日にたとえようか。いや、君の方がずっと美しく、穏やかだ」

 いや、姉さんは穏やかじゃないと思うけどな。

 どっちもうるさい!

 あぁプリンセス、叶うことなら永遠（とわ）にその横顔を眺めていたいですが、

あなたの行く道を邪魔するわけにはいきません。
リロード力を身につけた今のお二人なら、この図書館の凄腕司書・ブン=ルイが次なる力を授けてくれるはずですよ。

 ブン=ルイ……。

 聞いたことのない名だわ。

 彼はまさに"本の虫"！ 読書する時間が減るのを嫌って、ずっと出世を断り続けているのです。ですから、彼の名を知らなくて当然かもしれません。ですが、彼の思考力はピカイチ。私が保証します。

 ロード・リーがそう言うなら、行ってみる価値はありそうね。

 はっ！ プリンセスが、ワタクシのことを……。

 わ、私はあんたが変なこと言うのがイヤなだけで、べつに能力は信頼してるわよ!

 あ、またデレた。

 ハァァァァ！ なんたる光栄!!

 いいからこいつは放っておいて、図書館司書ブン=ルイとやらのところへ行くわよ!

 **リロード力の法則①**

ダメなアイデアを考えることでいいアイデアがわかる

 これだ！

 100のうち1つでも使えるアイデアがあれば御の字

 **リロード力の法則②**

アイデアの数を出すことで無意識にある固定観念が外れやすくなる

 ワクからはずれた斬新なアイデア！

 **リロード力の法則③**

アイデアの量を考えることで課題について考える時間が増える

  つねに考えているとインプットがふえる

 お  あ

 **リロード力の法則④**

アイデアがたくさんあるとその分、新しい組み合わせも生まれやすくなる

 "アイデアとは既存の要素の新しい組み合わせ以外の何物でもない"（ジェームス・W・ヤング）

リロード力とは

「**リロード（reload）**」とは、本来は「再充填する」、つまり撃ち終えてから弾をもう一度こめる、という意味を持つ英単語です。

IT用語では「データを読み込み直す」、ラグビーでは「（タックルなどで）倒れてから起き上がり、次のプレーに備える」という意味で使われます。

本書では、「**アイデアを出し、またさらにアイデアを出し続ける力**」の意味で使っています。

アイデアの数をたくさん出すことは、問題解決において重要な能力のひとつです。それは以下のような理由からです。

①いいアイデアだけを出そうと思っても簡単には出ない。**ダメなアイデアも含めて数多く出す**ことで、何がダメで、何がいいかがわかる。
②大量のアイデアを出すためには、**常識的な固定概念を破る**必要があり、そんな時に生まれたアイデアは斬新なものになる可能性がある。
③たくさんの量を考えることで、課題について考える時間が長くなる。**常に考えていることで課題に関するインプットが増え、良いアイデアが生まれやすくなる。**
④アイデアの量が多ければその分、新しい組み合わせも生まれやすくなる。

さらにアイデアをリロードする習慣がつくと、必然的に「**レジリエンス力**」**の向上**にもつながります。

では、どうすればアイデアを数多く出せるのでしょうか？

アイデアを出すのが苦手な人は、**アイデアを出すためのフレームワーク**から考えてみるのがいいかもしれません。

　以下の書籍には、アイデア出しに役立つ、さまざまなフレームワークが紹介されています。参考にして、数多くのアイデアを出せるようにしましょう。

『考具』加藤昌治（CCCメディアハウス）

- 「カラーバス」「マンダラート」「マインドマップ」など、アイデアをうみだすための基本中の基本の「フレームワーク」が紹介されていて、初心者にはうってつけの本。

『アイデア大全』読書猿（フォレスト出版）

- 博覧強記の著者が、古今東西42のアイデアにまつわる「フレームワーク」を紹介する。開発者のプロフィールやエピソードなども書かれていて読物としてもおもしろい。

『パン屋ではおにぎりを売れ』柿内尚文（かんき出版）

- 編集者として多くのベストセラーを担当した著者が、「かけあわせ法」「数珠つなぎ法」などオリジナルの「フレームワーク」を紹介するわかりやすく実用的な一冊。

リロード力が半端ない有名人・作品

秋元康 (1958〜) 作詞家、音楽プロデューサー

　高校生の時に放送作家としてデビュー。作詞家として1981年に最初の曲を提供して以来、驚異のリロード力で4500曲以上の楽曲を作り、累計売上数は1億6千万枚以上。現在も年間約200曲のペースで作詞やプロデュースに関わっている。ヒット曲も多いが、実は圧倒的に売れなかった曲のほうが多い。中でもアイドルプロデュースでは、おニャン子クラブからAKB48が大成功するまでの約20年間、10組以上手掛けたが失敗し続けたという。

トーマス・エジソン (1847〜1931) 発明家

　蓄音器、白熱電球、活動写真など、生涯におよそ1300もの発明と技術革新を行った発明王。彼のリロード力はすさまじく、13歳から84歳で亡くなるまで、60万枚を超える実験メモや日記を書き続けた。昼夜関係なく研究に没頭し、睡眠は30分ほどの仮眠を1日数回、計3時間ほどしか取らず「エジソン研究所の時計には針がない」と噂された。

漫画『ドラえもん』 (藤子・F・不二雄)

　ドラえもんは22世紀の未来から来たネコ型ロボット。のび太を助けるため四次元ポケットから取り出す秘密道具は「どこでもドア」「タケコプター」「もしもボックス」など、その数1963個（実はその9割は1度しか使われていない）。次から次へと秘密道具を出すドラえもん……というよりも、作者藤子・F・不二雄のリロード力はすごい！

第 4 章

分 類 力

本の使い方を100個出し切ったロジ姫とクリ王子。
しかしそれで終わりではない。ガンコな図書館司書
のブン=ルイが出した課題は、その100個のアイデ
アをキチンと整理せよ、というムチャブリだった。

Mission4
ブン=ルイの試練

大量のアイデアを
キチンと分類せよ

大量のものをロジカルに整理して分けろ！

ロジ度 ★★★　クリ度 ★

ここで身につく力：分類力…複雑な
ものを整理し、分類する能力

この力を持った有名人・作品

平賀源内／リンネ／『HUNTER×
HUNTER』（冨樫義博）

 ねぇ、あの人がブン=ルイよね？

 そうみたいだね……思ったよりだいぶ小柄な人だなぁ。

ロジが一歩前に出て、声をかける。

 こんにちは！　私はロジです。こっちは弟のクリ。
あなたがブン=ルイさんですか？

 おめえらか。さっきから騒々しい奴らは。

 すっ、すみません。

 ったく、リーのやつ。面倒ごとを押し付けやがって……。
とりあえず、俺の仕事が終わるまで黙って見てろ。

それから、小柄な図書館司書ブン=ルイが返却された本を棚に戻して
いく作業を夕方まで眺めた。

まぁ、また明日来な。

その次の日も、二人はひたすらブン＝ルイの司書業務を見学するだけ
だった。そしてその次の日も、次の日も……。

 あの……もう3日も経ったんですけど。

 それがどうしたってんだ？

 私たち、時間があまりないんです。

 俺だって俺の仕事がある。司書の仕事の手を止めるわけにはいか
ねぇんだ。

 ねえ、この3日間、見ていて思ったんですけど、図書館の本ってすごく
キッチリ分類されてるんですね。
こんな膨大な数の本、どうやって管理するんだろうと思ったけど、うまく
できてるんだなぁって。

 ったく、やっと気づいたのかい。
いいかい、おめえらはアイデアの数をべらぼうに出したかもしれねぇ。
でも、==その上でキチンと分類し、良いアイデアを選別したり、複数の
アイデアをまとめていく==のが肝心なんでぃ。

 分類、まとめ……僕のにがてな分野だぁ。

 "良いアイデア"は、何を基準にするかによって変わるわ。
例えば、子どもにとってなのか、大人にとってなのか、それによっても
変わるし。どういうテーマで考えればいいのかしら。

 ふっ、姉ちゃん、なかなか鋭いじゃねえか。今回の課題は……。

本の使い方のアイデアをもとにして、どうすれば「新しい体験を提供する図書館」ができるか、3案提案せよ。

 おーっ!? なんだか急にワクワクしてきたぞ!

 調子いいんだから。

 といっても、さっき考えた100個をもとにどうやって考えていったらいいのかな……? 気が遠くなりそうだよ〜。もう、なんとなく感覚で選んじゃう?

 おっとそれは聞き捨てならねぇな! "なんとなく"ほど危険なものはねぇぜ。

 じゃあ、どうすればいいんだよぉ!

 そんなお前さんみたいなやつにオススメなのが、**"ロジックツリー"**を書くことだな!

 え、木の絵を描けばいいの? 僕スケッチはけっこう得意だよ!

 ばか! 「ロジック」って言ってるでしょ!

 要は、**木の枝のかたちに要素を分解して書き出すことで、1つの問題を分かりやすく可視化する**、ってことだな。

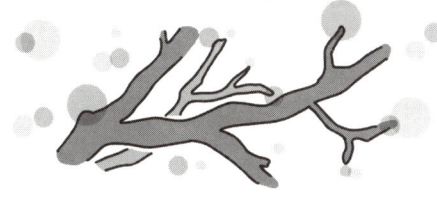

ロジックツリー

木の枝のように要素を書き出して
分類する手法

ロジックツリーには大きくわけて3つの種類がある。

whyツリー、howツリー、whatツリーだ。

 早口言葉みたい。

 whyツリーは、「問題の原因」を探るのに向いている。

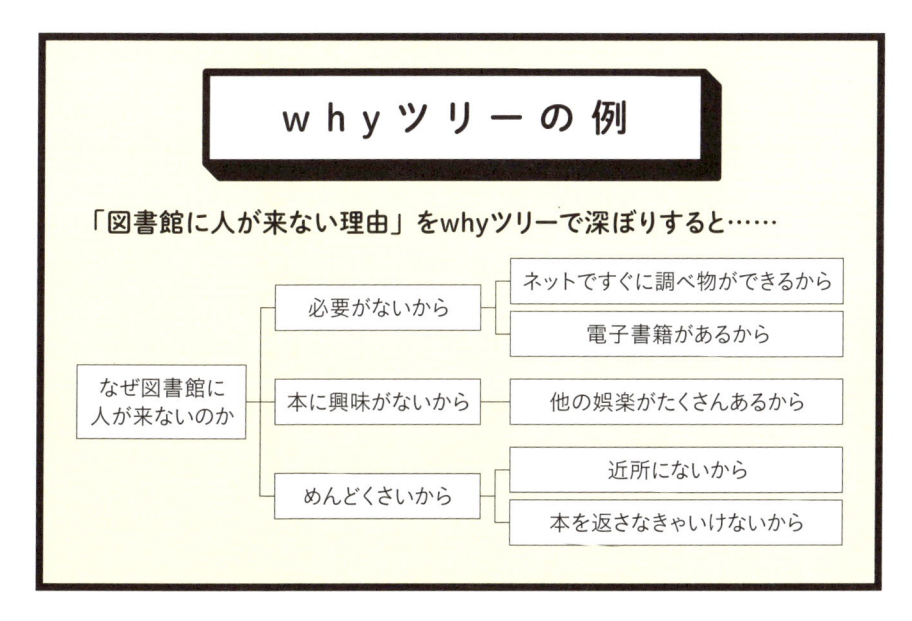

ｗｈｙツリーの例

「図書館に人が来ない理由」をwhyツリーで深ぼりすると……

- なぜ図書館に人が来ないのか
  - 必要がないから
    - ネットですぐに調べ物ができるから
    - 電子書籍があるから
  - 本に興味がないから
    - 他の娯楽がたくさんあるから
  - めんどくさいから
    - 近所にないから
    - 本を返さなきゃいけないから

howツリーは、問題をどう改善していけばいいか、「アクションを考える」のに向いている。

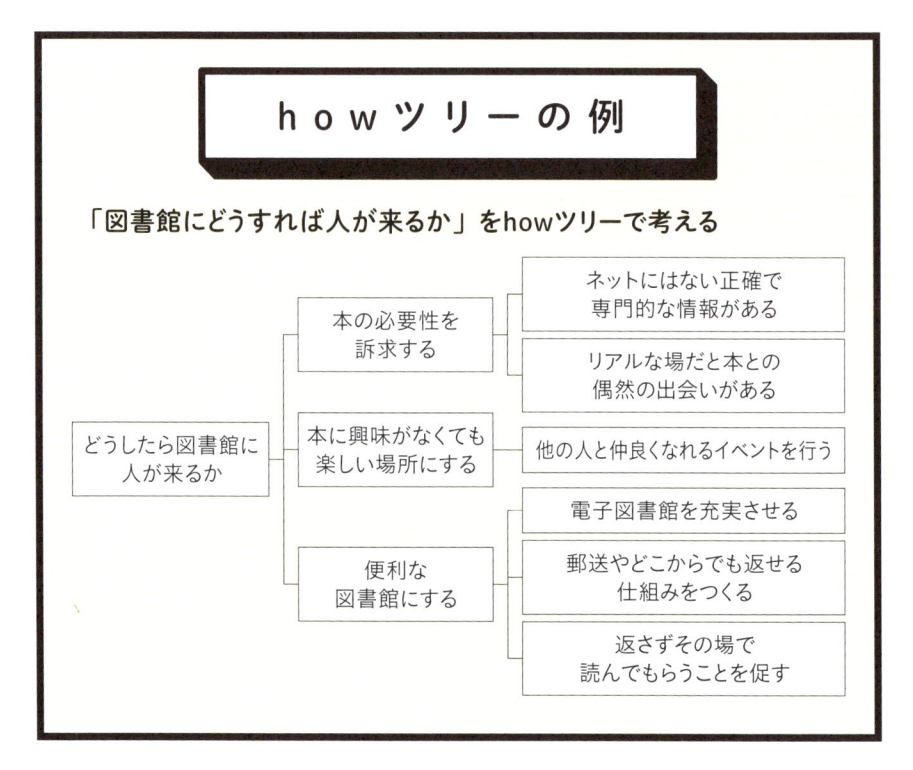

ｈｏｗツリーの例

「図書館にどうすれば人が来るか」をhowツリーで考える

- どうしたら図書館に人が来るか
  - 本の必要性を訴求する
    - ネットにはない正確で専門的な情報がある
    - リアルな場だと本との偶然の出会いがある
  - 本に興味がなくても楽しい場所にする
    - 他の人と仲良くなれるイベントを行う
  - 便利な図書館にする
    - 電子図書館を充実させる
    - 郵送やどこからでも返せる仕組みをつくる
    - 返さずその場で読んでもらうことを促す

 リロード力の時、whyツリー、howツリーを知っていたらもっと精度の高いアイデアが出たかもね。

 次にアイデアを考えるときは使ってみるといいぜ。
そして、**whatツリーは、課題やアイデアなどの要素を分解することで、「選択肢を浮き上がらせる」** 時に使う。

 あっ!!　じゃあそのwhatツリーを使って、さっき出した「100個の本の使い方」を整理すればいいんじゃない?

ちょっと、おいしいとこ取りしないでよ！

 ガッハッハ！　まぁ、そういうこったな。じゃあ二人でやってみろい。

 さっきのリーとのやりとりを思い出してみると……最初は本の使い道は「読む」しか思いつかなかったけど、そこから「本を読んで得られる効果」につながって……。

 次元を変えて、「本を物理的に使う」アイデアも生まれたんだよね。

 その2つは、まとめるとどういう視点になる？

 「本の内側（内容）か外側（ものとしての本）、どの部分を使うか」 ということかしら。

 じゃあ、今できたところまででロジックツリーを書いてみるんだな。

 二人やみんなで本を使って遊ぶアイデアも出したよね。

 ってことは、"何人で行うか"という視点もありそうね。その下の階層に、「一人で」「二人で」「みんなで」があるイメージ。

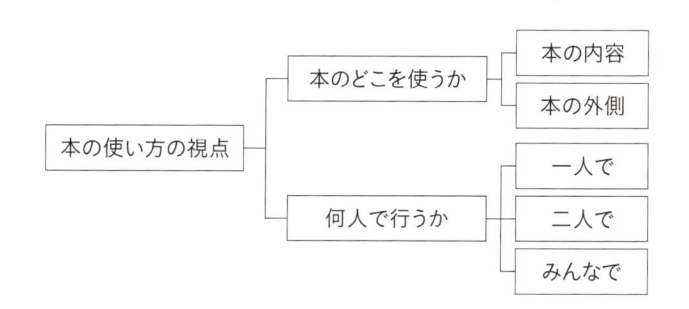

おおーっ！　もうこれで完成じゃない？

 おっと。このロジックツリーを書くときだが、**MECE（ミーシー）になっているかどうか**が肝心なんでい。

 こんなべらんめえ口調なのに、急にミーシーとか言うなんて……親方はやっぱりかっけー！！

 MECEって何かの略語かしら？

 おうよ。Mutually Exclusive and Collectively Exhaustive の略だ。なんだか難しそうだが、要は、**"モレなく、ダブりなく"ってこと。たくさんのアイデアを整理するとき、どれもモレることがなく、かつどれもダブることもないように分類する必要がある**んだな。

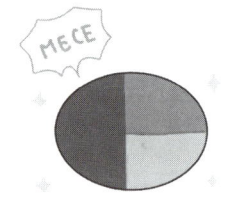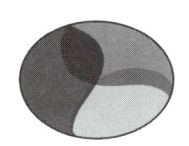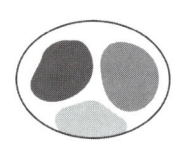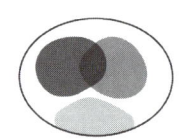

| モレなし・ダブりなし | モレなし・ダブりあり | モレあり・ダブりなし | モレあり・ダブりあり |

 なるほど、モレなくダブリなく、か……。まだ欠けている視点がありそうね。

 出した100個のアイデアを見てたら、ふざけてるのや真面目なもの、楽しそうじゃないのとか、色々あるなぁ。

 そうか！　**「目的別」に分類する**のはどう？

「遊びか、実用か」とか？

そうそう。じゃあ、4段階目まで書けるところは書き込んで……っと、どうかしら。

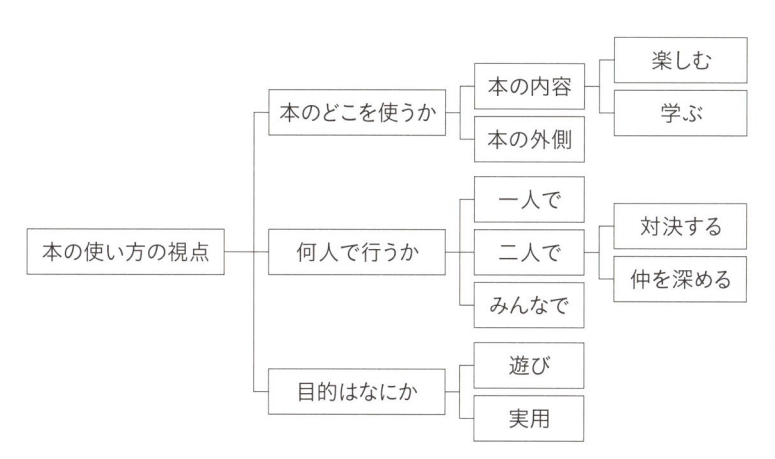

ジャーン！

おう、悪くねぇロジックツリーだな。じゃあこのツリーの中から1つの視点を選んで、新しい図書館のアイデアを1つ出してみな。

親方、何か気をつけることは？

大きい分類すぎても特徴が出ねぇが、ニッチすぎても誰もこねぇ。**ちょうどいい塩梅を選ぶ**んだな。

そうね……じゃあ、「一人で」を選んでみるのはどうかしら。

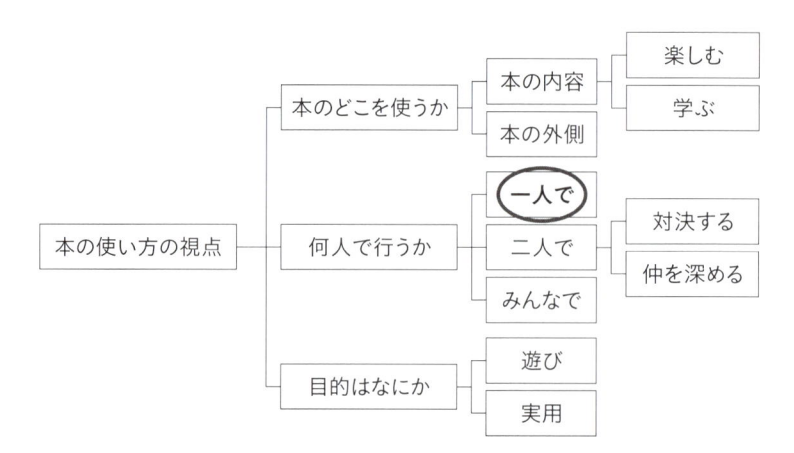

 もともと図書館って、一人で来るか、もしくは友だちと来ても、お互い黙々と本を読んだり勉強していることが基本じゃない?

 そうだね。図書館はそもそも、静かにしなきゃいけない場所だしね。

 1つ目のアイデアは、まず突拍子のないものじゃなくて、今ある図書館の延長線上にあるものがいいかなと思って。
複数の人がいると、予定を合わせたりとか、一人で行くよりもハードルが少し上がるし。

 でも、それだと、さっきルイ親方が言ってたみたいに、大きな分類すぎない?

 うっ……。

 同じロジックツリーの、他の要素と組み合わせてみるのもいいかもしれねぇな。

 そうね、何か少しだけ意外性のある……。うーん、じゃあ、これ!

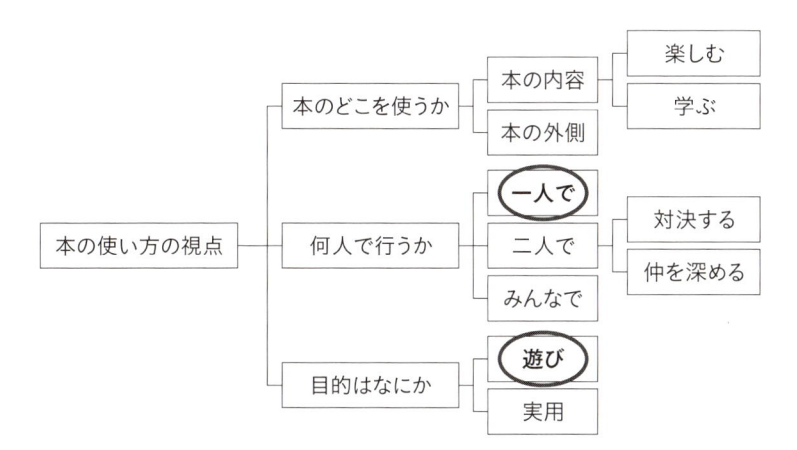

The diagram (top):

- 本の使い方の視点
  - 本のどこを使うか
    - 本の内容 → 楽しむ / 学ぶ
    - 本の外側
  - 何人で行うか
    - （一人で）
    - 二人で → 対決する / 仲を深める
    - みんなで
  - 目的はなにか
    - （遊び）
    - 実用

 「**一人で遊べる図書館**」、いいじゃん！　なんかロジ姉、頭やわらかくなった?」

 私だって、ユーモアくらいあるわ!

 いいねいいねー!　一人で遊べる図書館、名付けて**"ソロ充図書館"**!!

 あんた、そういうの考えるの好きねぇ。

 いいじゃねぇか、ソロ充図書館。どんな場所だ?

 従来どおり、読むための本やスペースはあるべきよね。けど、本屋さんみたいに、**どんなふうに楽しめる本か、POPがあっても良さそう。**

 物理的に遊べるコーナーには、**本の形のドミノ倒しができるキッズスペースや、インクの匂い別に本が置いてあるコーナーがあって、嗅（か）ぎ分けができる**とか。
個人的には、**めちゃくちゃ難しい本とお布団が用意されてるお昼寝コーナー**があったら最高かな。

 遊ぶ、という視点だと、ハエタタキや踏み台、指圧ツールの代わりにす

るようなアイデアは除外ね。

 ガッハッハ！　面白いなお前さんたち。

 すでにアイデアはたくさんあるから、分類して、視点さえ決まればあっという間ね。

 新しい図書館の提案、あと2つかぁ。親方、ヒントちょうだいヒント！

 ったくお前らは、しょうがねぇなぁ。

 "ら"って何よ！　一緒にしないでほしいわ。

 一人で遊ぶ視点を抜いた上で、**"4象限マトリクス"**を使ってアイデアを分類してみるのも手かもな。

 4象限マトリクス!?　またカッケー名前！

 4象限マトリクスは、**2つの軸をもとにして、対象がどのカテゴリーに分類されるのかを可視化する方法**だ。4象限マトリクスで整理すると、**チーム内で課題や問題点を共有しやすくなるから、方針の決定にもつながる**ぞ。
たとえば、さっきのMECEを4象限マトリクスで表してみると、こんな感じだ！（右ページ上図）

 おおー！　わかりやすい！　これで僕たちのアイデアも分類しちゃおう！

 まず、**タテ軸とヨコ軸を何にするか**決めないとね。

 「ソロ充図書館」というアイデアはもう出したから、二人以上で楽しめる

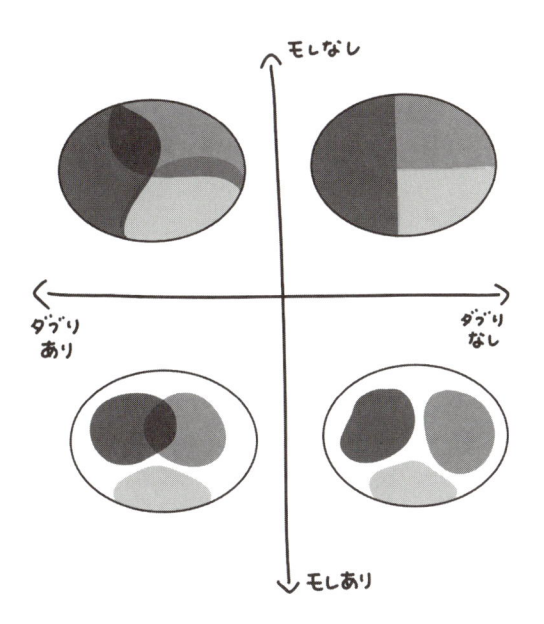

アイデアをさらに分類するのがいいんじゃない？　この際、二人か大勢かの人数は無視して。

 クリと出したアイデアを見てたら、**本の中身に関するアイデアと、物体としての本を使ったアイデア**に分けられる気がする。

 そうだね！

 タテ軸が決まったら次はヨコ軸。**2つの軸は、できるだけ相関性の低いもの同士を設定するのがポイント**だ。

 何があるかな？

 二人以上で楽しめるってことなら、**"バトル"と"仲良し"**があるんじゃない？

 確かに、その軸はアリね。

じゃあ、100 のアイデアからピックアップして、4象限マトリクスに当てはめて整理してみましょう!　多少アレンジしてもいいわよね。

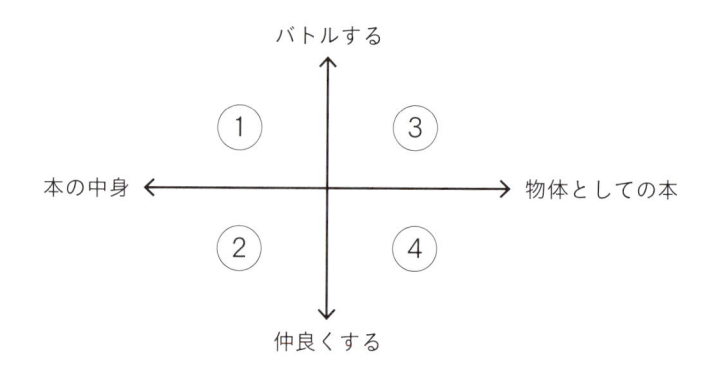

①**本の中身&バトルする**

- 読書マラソン:1 日で何冊本を読めるかバトル
- 読書リレー:本を回し読みしてタイムと内容理解度をバトル
- 本を使ったクイズ大会を開く
- 本を使ってクイズを作り、出し合う
- 難しそうな本やイケてる本でマウントをとりあう

②**本の中身&仲良くする**

- 二人で課題図書を決めて同時に読み、感想を言い合う
- 物語の続きを二人で想像して語り合う
- 1ページずつ交互に朗読する
- 二人でキャラクター分担して音読する
- ひとり1行ずつ順番に音読していく
- 全員で合唱のように朗読する
- 二人で好きな本のPOPを描く
- 片方が親役、片方が子ども役になって読み聞かせごっこ
- 読んでない小説の表紙とタイトルから内容を二人で想像する
- 読んでないビジネス書の内容をそれっぽくデタラメに解説する
- すでに読んだ本のタイトルを勝手に変えてみる

- 好きな絵本のキャラクターになりきって10分会話する
- 本の宝さがしをする（提示された物語の一節が図書館のどこにあるかを探すゲーム）

③物体としての本&バトルする

- 積読タワー対決：読んでいない本を積んで高さをバトル
- ページ当て競争：指定されたページを開くバトル
- ブックバランスリレー：頭の上に本を乗せて競争
- 積み本高跳び：高く積み上げた本の上を跳ぶ
- 本の障害物競争：本を積んでそれを跳びながら走る
- 本のリレー：本をバトン代わりにしてリレー
- ブックピンポン：本をラケットにした卓球
- ブックテニス：本をラケットにしたテニス
- ブックドミノレース：本を並べ、早く全部倒す競争

④物体としての本&仲良くする

- みんなでドミノ倒しに使って遊ぶ
- みんなで文庫本ジャグリングをする
- みんなで花を挟んで押し花にして楽しむ
- みんなで振ったり叩いたりして楽器にして演奏会
- 本を使ったアートをみんなで制作する
- 本自体を擬人化したキャラクターにして、カップリングさせる
- 本を読んでる姿のプロフィール写真を撮り合う

 こうやって分類すると、**②本の中身&仲良くするアイデアが多いことがわかる**わね。

 逆に、バトル系だと①より、③物体としての本&バトルする、が多い。

 思い出してみよう、もともとの課題は何だった？

"本の使い方のアイデアをもとにして、どうすれば「新しい体験を提供する図書館」ができるか、3案提案せよ"

 そっか。今までの図書館は基本一人で来て、本を読んだり借りたりするだけの場だったから、二人以上で何かするだけでも新しい体験にはなるよね。

 本が好きな人は、放っておいても図書館に来るんだから、本にあまり興味を持ってない人に来てほしいよね。

 まずは、本にはあまり興味ないけど、とにかくバトルが好きな姉さんみたいな人に向けた「バトル図書館」ってコンセプトはどう？「積み本高跳び」「本の障害物競争」とか、**中身に関係ないバトルから始めて、本や図書館に興味を持ってもらう**という作戦。

 いいわね！ じゃあもう一案は、**「図書館で本を通じて、みんなが仲良くなる」** というコンセプトはどう？ 本にさほど興味がなくても、誰かと仲良くなりたいというクリみたいな人に向けて。

 いいね！ じゃあ、これまで出た3つの案をまとめたらこんな感じかな？

案①：ソロ充図書館
案②：バトル図書館
案③：みんなが仲良くなる図書館

 分類とか、まとめるのとか、法則とかって苦手だったんだけど、やってみたら楽しかったよ！

 分類は目的じゃない、あくまで手段だ。クリエイティブなことを考える

ためには、こういうロジカルな視点も大いに役立つってことさ。

 そうだったんだ。僕、ロジカル思考の意味を勘違いしてたかも。

 そのトシで気づけりゃ立派よ。いいかい、お前たちはこれまでロジカル、クリエイティブ、どちらかに偏っていたかもしれねぇが、お互いの長所を認め合い、相手から学び、そして相手の得意なところに頼れば、きっといいチームになると思うぜ。

ロジとクリは互いを見た。そのまなざしには、これまでなかった相手への尊敬の念がこもっているように感じられた。

 もう行くのかい?

 ええ、私たち、父からの課題に答えなくてはいけないもの!

 今から、国境を越えて隣の国に行こうと思うんです。そうだ! 隣の国の言語が載っているこの本、借りてってもいいですか?

 おう、ちゃんと返しに来いよ。一人前になった姿でな。

 お、親方ぁ〜〜!!　やっぱりかっこいい〜〜!

 ありがとうございました!

そして二人は、本の街ライブラリールを後にし、隣国の魔法共和国・ノクティルカへ向かっていくのだった。

分類するときに重要な「MECE」

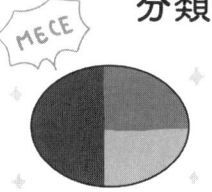
モレなし・ダブりなし

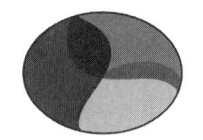
モレなし・ダブりあり

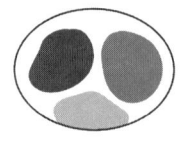
モレあり・ダブりなし

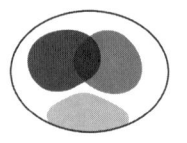
モレあり・ダブりあり

分類に役立つツール

ロジックツリー

木の枝のように要素を書き出して
分類する手法

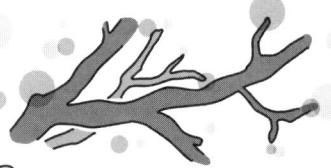

whyツリー：原因究明

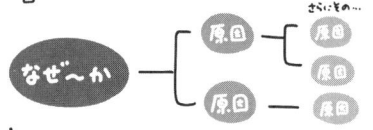

howツリー：改善案

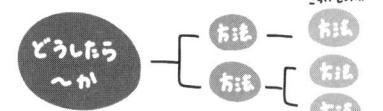

whatツリー：要素の分解

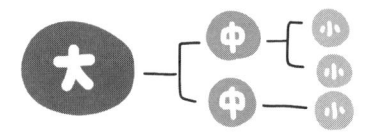

4象限マトリクス

2つの軸をもとに対象をカテゴリーに
分類する手法

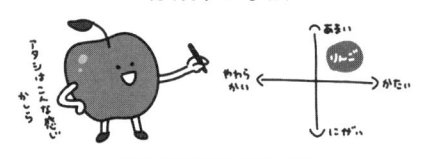

MECE「モレなくダブりなく」を
4象限マトリクスで表してみると…？

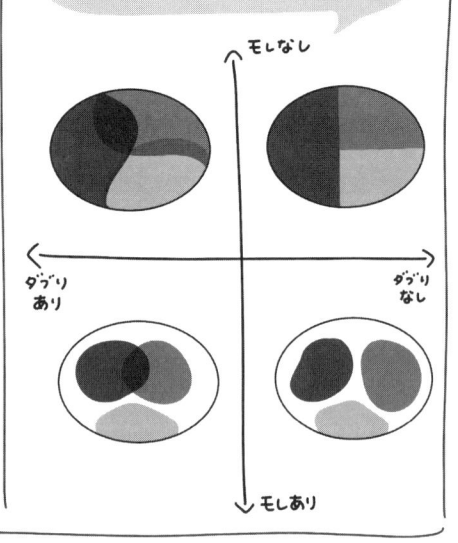

分 類 力 と は

　分類力とは、「**複雑なものを整理し、何らかの基準に従った似たもの同士でグループを作って、シンプルにしていく力**」のことです。

　社会人であれば日々の仕事で、学生であれば期末試験やドリルなど、短期間に手早く課題を片付けていかなくてはいけないシーンは数多くあります。

　しかし、実際に取り組もうとすると、どこから手を付けたらよいか分からないことも多いでしょう。

　そんな時、「分類力」が役立ちます。**きちんと分類できると、全体の構造が見えてきて、効率よく進めることができる**からです。

　分類力は、ロジカル・シンキングの根幹とも言える能力であり、当然「ロジクリ思考」による問題解決にも役立ちます。

　特に、この章で紹介した**MECE（ミーシー）**は、分類する時の基礎的な考え方です。MECEとは、以下の頭文字をとった言葉です。

Mutually（お互いに）
Exclusive（重複せず）
Collectively（全体に）
Exhaustive（モレがない）

「それぞれが重複することなく、モレがない状態で網羅されている」という意味です。

問題解決の答えを探す時、まずは分類することが重要になります。しかし、この最初の分類にモレやダブリがあると、何度も同じことを試みる、非効率な作業になりかねません。そこで、MECEが重要になってくるのです。

　一方、モレなくダブリなく分類する、そのことが目的になってしまったら本末転倒です。「ロジクリ思考」におけるMECEは、あくまで、ものごとを構造化してわかりやすくするためのツールです。「MECEバカ」（「それはMECEになっていない！」と人の考えを否定する人）になってはいけません。

　MECEになってないから価値がないということはありません。むしろMECEにこだわらないほうが、問題解決につながるケースもよくあります。

　「ロジクリ思考」においては、**クリエイティブな発想につなげるためのMECEであり、クリエイティブな発想を誰かに説得するためのMECE**なのです。
　MECEを使いこなしつつ、本質を見失わないようにしましょう。

分類力が半端ない有名人・作品

平賀源内（1728~1780）発明家

江戸のレオナルド・ダ・ヴィンチと呼ばれ、発明、小説、劇作、西洋画、広告文などさまざまな分野で活躍したマルチクリエイター。しかしルーツは本草学（中国の薬物学をベースに、日本に自生する植物・動物・鉱物を医薬として利用するために、その産地・効能などを研究する学問）の専門家で、分類力にたけていた。日本全国から薬草を取り寄せて日本初の物産展を開くと、重要なもの360種を選んで分類・解説した『物類品隲』（計6巻）を出版。これによって、平賀源内の名前は広く知られるようになった。

カール・フォン・リンネ（1707~1778）植物学者

スウェーデンの生物学者で「分類学の父」と呼ばれる。「花」を植物の最も大切な部分と考え、雄しべと雌しべの数や形に基づいて24綱に分類、また当時知られていた植物を約7700種に分類した。また生物の学名を属名と種名の2つのラテン語で表す「二名法」を確立。その後の植物の命名法の出発点となり、国際植物命名規約の基準とされ、現在に引き継がれている。

漫画『HUNTER×HUNTER』（冨樫義博）

少年ゴンが偉大な「ハンター」である父親を捜すために、自分も一人前のハンターを目指し世界を冒険しながら修行に励む。物語の重要なモチーフである、冨樫氏の6つの系統に分類した「念能力」は読者をワクワクさせる。自分のオーラがわかる、水の入ったコップと葉っぱでおこなう「水見式」を試したことのある人もいるのでは。ヒソカのオーラ別性格分析も有名。

第 5 章

ネーミング力

たくさんのアイデアを整理する「分類力」を身につけたロジとクリ。ロジカル力がどんどん高まってきたが、次なる課題は、キャッチーな名前を考える、クリエイティブな「ネーミング力」だ!

アイドルのプロデューサーに なってグループに名前をつけよ

ロジカルに分類して、クリエイティブにプロデュースせよ！

ロジ度 ★★　クリ度 ★★★

ここで身につく力：ネーミング力…名前をつけて命を吹き込む能力

この力を持った有名人・作品

みうらじゅん／スティーブ・ジョブズ／『ドラゴンボール』（鳥山明）

 さぁ、着いたわね！　魔法共和国ノクティルカ。さっきブン=ルイ親方に借りた本によると「アルファベット」とかいう文字を使う国らしいわね。

 ここに来るまで長かったぁ〜、足がヘトヘトだよ。

 もう、シャキッとしなさい！

 でも、魔法製品がたくさんあるこの街の光景を見ると、すごくワクワクするなぁ。

 なんだか幻想的な街並みよね。この国は別名、夜光国というらしいわ。夜は魔法の光がたくさんあって綺麗だとか……。

ドドドドドドド……！

？ きゃあ、あぶな〜い！　どいてえええ！　止まらないのおおお！！

謎の物体に乗った少女が凄いスピードで近づいてきた！

うわあ──なんなんだ!?

 わ、わたしはこの国の魔術師、ネ・ミング。あ、あなたのお名前は?

 僕は隣の国・シンキングダムから来た、クリと言います。

 私はロジ。……ていうか、あなたが乗っていたこれ、もしかしてアルファベットの"A"!?

 あぁ、そうなの。言語魔法といって、文字に命を与える魔法が私の専門なの。「A」は、スピードはあるけど操縦席の安定性がまだどうも……。

 言語と思考は切っても切り離せない関係だわ。この人に話を聞いてみるのもいいかも。

 じゃあ、そうね、わたしが今とりかかっている仕事を手伝ってもらおうかしらなの。

 仕事って?

 ずばり……**アルファベットアイドル・プロデュース!**なの!

 なにそれ、面白そう!

 この国の文字である26文字のアルファベット。彼らに魔法で命を宿して、アイドルとしてプロデュースする。それで推し活産業を盛り上げるのが狙いなの。でも命を宿すには、イメージが超重要なの!

問 題

大文字のアルファベットから複数メンバーをピックアップし、アイドルグループをつくれ。グループには名前をつけて、売り出し方も考えよ。

ABCDEFGHIJKLMNOPQRSTUVWXYZ

ただし、1つのグループ内では、メンバー全員が何かしらの共通点を持たなければならない。アルファベット全てを使い、メンバーの重複は不可とする。

 アイドルかぁ……全然詳しくないんだけど、どこから考えていけばいいかしら。

 グループ分けするときは、まずは何か共通点を見つけるといいなの。

 共通点……そうね、**アルファベットの形**からアプローチしてみましょうか！

 シンプルに、**直線チーム、曲線チーム**はどうかな？

 素敵なの〜！

- **文字が直線のみで構成されている**：A, E, F, H, I, K, L, M, N, T, V, W, X, Y, Z
- **文字の中に曲線が入っている**：B, C, D, G, J, O, P, Q, R, S, U

さらに曲線ありチームは、

- **曲線のみ**：C, J, O, Q, S, U
- **直線も混じっている**：B, D, G, P, R

に分けられるわね。

 おぉ！　姉さん冴えてるね。じゃあ、直線チームをさらに分類するなら、

- **タテ一直線に貫く線がある**：E, F, H, I, K, L, M, N, T
- **タテ一直線に貫く線がない**：A, V, W, X, Y, Z

とかにも分けられるかなぁ。あ、でも「Y」はちょっと絶妙かも。

 二人とも、分類力がすごいなの！　その調子でどんどん考える視点を集めていってほしいの！

 小文字と大文字が似ているアルファベットを集めてみるのはどうだろう?

- **小文字と形が似ている**：C(c), I(i), J(j), K(k), O(o), P(p), S(s), U(u), V(v), W(w), X(x), Y(y), Z(z)

 Iとi、Yとyを似ているとするかはちょっと微妙ね。そもそも今回プロデュースするのは大文字だけだから、"小文字と似てる"という視点はわかりにくいかも。

 微妙かぁ。あ、じゃあ、**囲まれてるスペースがあるか、ないか!**

 それは面白いかも!

- **文字の中に囲まれた空間がある**：A, B, D, O, P, Q, R

 シンメトリーになっていて美しいアルファベットもあるね。

 シンメトリー？

 左右対称のことなのね。シンメトリーだと、デザインに安定性や誠実な印象が生まれるなのよ。プロデュースの参考にもしてなの。

- **左右対称**：A, H, I, M, O, T, U, V, W, X, Y

 左右対称があるなら、**上下対称**もあるね。

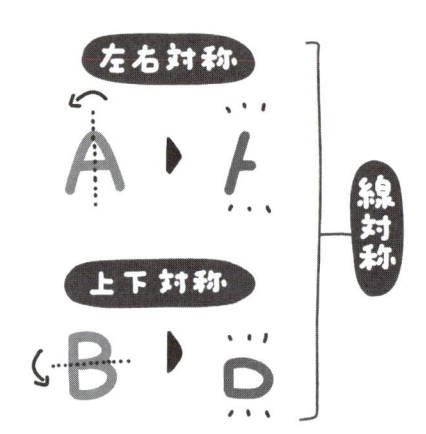

- **上下対称**：B, C, D, E, H, I, K, O, X

 左右対称も上下対称も、"線対称"の1つね。

 線対しょ……？

 1本の直線を折り目にして、折ったらピッタリ重なる図形のことよ。

 どうせ僕がわからないと思って先回りして説明したな……屈辱。まぁ実際わかんなかったんだけど！

 ふふん。

 あ、僕も思いついたよ！ **コップにできるかどうか！**

どういうこと？

ほら、UとかVは、水を入れてもこぼれない形になってる！

なるほどね、クリらしいわ。Yはカクテルグラスってとこかしら。

C、G、Sはギリ器になる……かな。

●**コップになる形**：C, G, H, K, M, N, S, U, V, W, X, Y

ロジちゃまは論理的で、クリちゃまは創造的！　おもしろい双子なの
〜。

形だけでなくて、別の視点でも分類しておきたいわね。**ニホンゴを
ローマ字で書いたとき、母音と子音になるもの**、とか。

●**母音**：A, I, U, E, O
●**子音**：K, S, T, N, H, M, Y, R, W

ビタミンに使われているアルファベットチームもありね！　ビタミンA
とか、ビタミンCとか。どれも美肌に必要よ。

●**ビタミンに使われている**：A, B, C, D, E, K

じゃあ僕も化学つながりで、**元素記号で1文字のアルファベット**！　カ
リウム（K）なんかは炎色反応でキレイな紫になるんだよなぁ。

●**元素記号で1文字のもの**：H, B, C, N, O, F, P, S, K, V, Y, I, W, U

あ。

どうしたの?

 単純に、**前半・後半で分けちゃう**のはどうかしら。

- **前半**：A, B, C, D, E, F, G, H, I, J, K, L, M
- **後半**：N, O, P, Q, R, S, T, U, V, W, X, Y, Z

 あ、シンプルだけどその視点なかった！　ロジ姉、ラテラル力発揮してるね。

 パチパチパチ〜なの！　二人とも分類はバッチリね！　でもね、プロデュースは甘くないわよ！　**惹(ひ)かれるグループ名とキャッチコピー**を考えてこそ、プロデュース！

 そうか……、全体の統一感もあったほうがいいかな。

 お、俯瞰(ふかん)した視点ね。これまで文字の形以外の分類もしてみたけれど、やっぱり形が一番わかりやすいし、その中から考えてみない？

 いいかも！　じゃあ早速、グループ作りだね。

形で分類したアイデア

縦のラインが印象的	F, I, L, T
コップとして実用的	U, V, W, Y
囲まれている空間がある	A, B, D, O, P, Q, R
角が痛そう	A, M, N, V, W
丸に近い	C, G, O, Q
足元が安定	A, E, H, K, L, M, N, R, X, Z
足元が2本足	A, H, K, M, N, R, X
足元が曲線	C, G, J, O, Q, S, U

ただ、同じ文字が他のグループに入ったらダメなのよね……どうやって考えたらいいんだろう。

 重複とかは後で考えるとして、まずは"このメンバーでグループ作ったら売れそう!"という視点で選んでみるのがおすすめなの!

 でもグループの名前なんて、どうやって付けたらいいんだろう。

 まずはわかりやすいことを優先! ==ネーミングの基本は3S==なの。

 3S?

 つまり……!

ネーミングの3S!
❶ Short → 短い
❷ Simple → わかりやすく覚えやすい
❸ Straight → 特徴がまっすぐ伝わる

 なるほど、その3Sね。

 他にもいろいろあるけど、まずは3Sで考えてみるなの。そのネーミングは、コンセプトにもなるの!

 コンセプト?

 ==コンセプトとは、「物事の本質をつらぬく背骨のような考え方」==のこ

と。アイドルグループでは、コンセプトによって、

①グループの特徴・方向性・ストーリーなど
②楽曲や衣装・MVなどの世界観

が決まってくる、とても大事なものなの。有名なK-POPグループのネーミングとコンセプトの関係をあげておくから、ぜひ参考にしてなの！

参考：K-POPグループのネーミングとコンセプト

• TWICE
「いい音楽で一度」、「素晴らしいパフォーマンスで二度」魅了させるという意味を込めて、英語で2度、2倍などの意味があるTWICEに。

• BLACKPINK
最もきれいな色と表現されるPINKを少し否定する意味でBLACKをつけ、「美しいものが全てではない」という意味を込めている。

• IVE
「IVE ＝ I HAVE」。「私たちはすでに持っている」という意味の中に、成長型ではなく「完成型のガールズグループ」として堂々とした姿を見せるという決意が込められている。

• ILLIT
自主的で積極的な意志という意味を持つ「I WILL」と、特別な何かを意味する代名詞の「IT」を合わせて作られたグループ名で、何にでもなれる潜在力と期待感が込められている。

 つまり、**名前をつけることで、そのグループがどのような意味を持つ存在なのか、明確になる**なの！

 よーし、じゃあやってみるか！　さっき出たアイデアの重複を整理したら……。

重複やグループの数を調整

①縦のラインが印象的	F, I, T
②コップとして実用的	U, V, W, Y
③囲まれている空間がある	B, D, O, P, Q, R
④足元が安定	E, L, Z
⑤足元が2本足	A, H, K, M, N, X
⑥足元が曲線	C, G, J, S

①縦のラインが印象的：F, I, Tのネーミング

 まずは、縦のラインが入ってるグループから考えてみようか。

 "タテライン"は?

 そのまますぎない?

 だって3Sでしょ?　ショート、シンプル、ストレート!

 あ、でも**FITを並べると「フィット」って読める**よね。

 ほんとだ!　FITって何か意味があるかな?

英語のFITには、以下のような意味があるなの!

〔物事が〕合う、適合した、適切な
〔人が〕値する、能力がある、ふさわしい
〔体が〕健康な、元気な、
〔人が〕とても魅力的な、ハンサムな

 「健康・元気」は、縦ラインでスタイルのいいメンバーが集まったこのグループにぴったりかも!

 じゃあこのグループは、「FIT」で決まり!

 コンセプトは、**"元気でまっすぐ縦にのびる上昇志向"**かな。

 姉さんの上昇志向が反映されている気もするけど。

縦の1本のラインが印象的な
アルファベットたちが
元気なまっすぐさを表現

②コップとして実用的：U, V, W, Yのネーミング

 この4つは、コップとして使える形をしてたんだったね。4つのコップで、フォーコップスは？

 なんかダサイ……。

 じゃあ、"チーム乾杯"！

 ちょっとなぁ……。

 コップの呼び方を変えてみたら？　コップは、グラスという言い方もあるなの。

 "ハッピーグラス"は？　何か楽しそうだし！

 いいね！　コンセプトはどうしよう？

 "コップに水が満たされるように、彼らの音楽が聴く人々の心を満たし、幸福感であふれさせる"

 超素敵じゃん！　それでいこう！

**コップとして機能する形の
アルファベットたちが
人々の心を満たす幸福を表現**

③囲まれている空間がある
：B, D, O, P, Q, Rのネーミング

 次は囲まれている空間があるグループね。"包囲網"とか?

 なんか怖い。

 「囲まれた空間」というのをどう解釈するかなのね。

 なるほどね。**みんな何かの秘密をその空間に抱えている**、ってのは?

 じゃあ、**"シークレット・ゾーン"とか!**

 それ、いいかも!

グループ名：シークレットゾーン
コンセプト：隠された秘密の空間、解き放たれる物語
メンバーたちが囲まれた空間（シークレットゾーン）から飛び出してくるようなサウンドとビジュアルで、ファンに新たな発見と驚きを提供。「秘密のゾーンから脱出する」というテーマでステージ演出を行い、ファンがその場で謎を解くことができるインタラクティブな体験も。

シークレットゾーン
囲まれた空間のある
アルファベットたちが
ミステリアスな秘密を表現

 二人ともすばらしいなの！

 よーし、この調子でどんどん考えていくぞー！

④足元にラインがあり安定している
：E, L, Zのネーミング

グループ名：ベースライン
コンセプト：大地のリズム、地球の力を音楽に
このグループは、地球そのものが持つリズムと調和を探求し、大地の豊かさと自然のエネルギーからインスピレーションを受けた音楽を創造する。
グループ内のE、L、Zは、それぞれ下記のような意味を持つ。

E=Earth（地球）：自然の美しさと重要性、環境保護の必要性を訴える役割。
L=Light（光）：希望、インスピレーション、新しい始まりを表し、前向きなエネルギーと明るい未来を訴える役割。
Z=Zephyr（そよ風）：柔軟性と変化への適応能力を象徴し、新鮮なアイデアと創造的な風をもたらす。

ベースライン
下部に一本の線がある
アルファベットたちが
安定感や大地の豊かさを表現

⑤足元が2本足：A, H, K, M, N, Xのネーミング

グループ名：サピエンス
コンセプト：人類の進化と多様性

独特の形状をもとにしたアイドルグループ。これらの文字は、人間の多様な側面を表し、それぞれの形が具体的な象徴や役割を担う。各メンバーが持つ役割は下記の通り。

A=Authority：権威とリーダーシップを象徴。グループを導く役割。
H=Humanity：人間性と慈悲を象徴。感情豊かな楽曲とパフォーマンスを提供。
K=Knowledge：知識を象徴。教育的な要素をグループにもたらす。
M=Mystery：神秘と未知を象徴。ファンを惹きつける謎めいた存在。
N=Nature：自然と調和を象徴。環境への意識を反映する。
X=eXploration：探究心と冒険を象徴。新しい音楽や表現の限界を常に押し広げる。

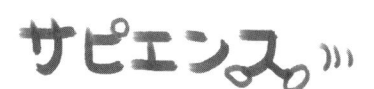

2本足をもつ
アルファベット達が
人類の進化と多様性を表現

⑥足元が曲線：C, G, J, Sのネーミング

グループ名：カーブス
コンセプト：曲線の美しさで豊かな感情を表現する

自然界に見られる曲線の美しさをテーマに、メンバーがそれぞれ異なる曲線を象徴する。グループの目標は、曲線の美しさを通じて、観客に豊かな感情を体験してもらうこと。

メンバーそれぞれの役割は下記の通り。

C=Crescent(月の弧)：新しい始まりと変化を象徴し、常に進化する音楽を表す。
G=Gyre(渦巻き)：大きな渦を象徴し、創造的な力をグループにもたらす。
J=Junction(接合点)：曲線が交わる点を象徴し、多様性を表現。
S=Spiral(螺旋)：無限の可能性と持続的な成長を象徴し、創造的で革新的なアプローチで挑戦し続ける。

カーブス

曲線のみでできた
アルファベットたちが
柔軟性や美しさを表現

 素晴らしいなの〜〜！　どのグループもこれからどう成長していくか見届けたくなるなの。私の推しは、カーブスなの！

 私はシークレットゾーンかな。なんだかミステリアスで面白そう。

 僕はベースライン！　かっこいいしね。こうして分類して名前とコンセプトをつけたら、なんだか愛着が湧いてくるなぁ。

 こんなに一緒に考えてくれてありがとうなの。御礼に、私がお気に入りの、夜景のきれいな湖を教えてあげる！

 たくさん頭を使って疲れちゃったから、水辺で少し休憩しようかな。ネ・ミングさん、ありがとう！

ネーミングの3S！

1. **Short** → 短い
2. **Simple** → わかりやすく覚えやすい
3. **Straight** → 特徴がまっすぐ伝わる

 アルファベットでアイドルグループをつくったら？

F I T
縦の1本のラインが印象的な
アルファベットたちが
元気なまっすぐさを表現

ハッピーグラス
コップとして機能する形の
アルファベットたちが
人々の心を満たす幸福を表現

シークレットゾーン
囲まれた空間のある
アルファベットたちが
ミステリアスな秘密を表現

ベースライン
下部に一本の線がある
アルファベットたちが
安定感や大地の豊かさを表現

サピエンス
2本足をもつ
アルファベット達が
人類の進化と多様性を表現

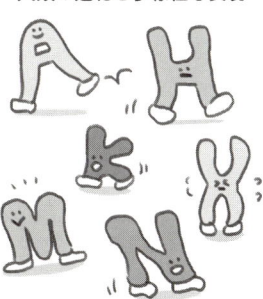

カーブス
曲線のみでできた
アルファベットたちが
柔軟性や美しさを表現

ネーミング力

ネーミングとは名前をつけることです。日本語には「命名」という言葉があります。

文字通り、**名前をつけるとは、その対象に命を吹き込むこと**です。名前がないと、その物事や概念を認知することができません。名前ができて初めて実体化するのです。

「名は体を表す」という言葉もあります。「名前に本当の姿が表れている」という意味の慣用句ですが、名前をつけられたときの思いによって、結果としてその姿に近づいている、とも言えるかもしれません。

実際、今まであまり売れなかったものが、**名前を変えたことでヒット商品になった**事例もあります。

たとえば、「ネピア モイスチャーティッシュ」という名前の高級ティッシュは、品質はよかったのですが、あまり売れていませんでした。しかし**「鼻セレブ」**と名前を変えてデザインを一新すると大ヒットします。

ドライバーでは外せなくなってしまったネジを外せる工具「小ネジプライヤー」は、ネジに噛みついたら離さない特性と全体のシルエットから、恐竜をイメージして**「ネジザウルス」**と名前を変えると、工具では異例の大ヒット商品になりました。

このような理由から、ネーミング力は、ロジクリ思考による問題解決において重要な能力となります。親が子どもに名前をつけるように、ネーミングはまず**名付け親の「思い」**が重要です。しかしながら、それが商品名やサービス名となると、思いだけでなく、**「認知される」「売れる」「利用される」「広まる」**ことが重要になります。ひとりよがりではダメなのです。

本文でネ・ミングは、ネーミングの基本3か条を紹介していました。

①ショート（Short）：短い名前
②シンプル（Simple）：わかりやすく、覚えてもらいやすい名前
③ストレート（Straight）：特徴がまっすぐ伝わる名前

もちろん例外もありますが、まずこの原則にそって考えましょう。思いついたネーミングは、以下の視点からチェックしましょう。

①目でチェック
- 文字で見たときにバランスがいいか？
- 直観的にわかりやすいか？

②口でチェック
- 声に出したとき、発音しやすいか？
- 略せるか？

③耳でチェック
- 耳で聞いたとき、スムーズで心地いいか？
- 一度聞いただけで記憶に残るか？

④脳でチェック
- コンセプトと合っているか？
- 特徴や機能などが連想しやすいか？

⑤心でチェック
- 親しみやすいか？
- イメージや品性等に合っているか？

これらのチェックがクリアできれば、脳に負担をかけないネーミングになっている可能性が高いので、「認知される」可能性が高まります。

ネーミング力が半端ない有名人・作品

みうらじゅん（1958~）イラストレーターなど

　ネーミングの天才で、さまざまな現象や物体に名前をつけることで流行語にし、その第一人者として活躍してきた。「マイブーム」や「ゆるキャラ」などは代表的なネーミング。自らの仕事（ネタを思いつき、ネーミングを考え、デザインや見せ方を考え、営業して関係者を巻き込んでいく全てを自分一人でやること）を「一人電通」と称している。

スティーブ・ジョブズ（1955~2011）起業家

　アップルの創業者。自らが創業した会社を追放されるが、復帰してからはiMac、iPod、iPhoneなど印象的なネーミングのヒット商品を連発した。いずれも短くシンプルでストレートな名前でアップルの製品のブランドイメージを高めた。「i」はもともと「Internet（インターネット）」の意味から思いついたものだったが、「Individual（個性的）」「Instruct（指導する）」「Inform（情報を与える）」「Inspire（ひらめきを与える）」などの意味もあるという。

漫画『ドラゴンボール』（鳥山明）

　山奥に住んでいたシッポの生えた少年・孫悟空が、7つすべて集めると願いが叶うといわれる秘宝・ドラゴンボールを探す旅に出る。登場するキャラがいずれも短くシンプルでストレートなことで記憶に残りやすくなっている。たとえば初期キャラクターの「ヤムチャ」「プーアル」「ウーロン」「天津飯（テンシンハン）」「餃子（チャオズ）」などは中華料理から、サイヤ人（野菜のアナグラム）は「カカロット」「ベジータ」「ナッパ」「カリフラ」「ケール」と野菜から取っているのでわかりやすい。

第 6 章

クリティカル力

木の精霊ル・クリティカが出したワガママな難題は
「わしの大好きなアイスクリーム屋を繁盛させてほ
しい！」。でも一体どうしたら……。カギは、アイス屋の
「そもそも」を疑うところにあった！

世界一のアイス クリーム屋をつくれ

既存の仕組みと前提を疑って、画期的なビジネスモデルを生み出せ！

ロジ度 ★★★　クリ度 ★★★	この力を持った有名人・作品
ここで身につく力:クリティカル力…前提や常識を疑い、これまでにないコンセプトを生み出す力	坂本龍馬／ガリレオ・ガリレイ／佐田寅子（ドラマ『虎に翼』）

アルファベットアイドルのプロデュースでへとへとになった二人は、夜の湖畔（こはん）を眺めていた。

この魔法共和国・ノクティルカの国名にもなっている、夜に光る水辺がとても美しい。

 なんだか、遠いところまで来ちゃったわねぇ……。

 ほんと、従者もなしでこんな冒険、初めてだよ。

 ここまで来れば怖いものなんかないわね！

その時、湖畔に並ぶ樹木のうちの一本が動き出し、ふよふよと近づいてきた。

 おまえさんたち、よく頑張っておるの。

 き、木がしゃべった！

ぎゃー！　でたーーーーー！！！！！

 人をオバケみたいに言うんじゃない。わしは、この魔法共和国ノクティルカにおける精神的支柱、木の精霊ル・クリティカ様であるぞ。

 びっくりした！

 木の精霊が何の用?

 シンキングダムから来た姫と王子が頑張っていると聞き、とっておきの力を授けにきたのじゃ。

 ありがとうございます！

 でも、どんな力を?

 現状を批判的に疑いつつ、新しいアイデアを出す力……**「クリティカル力」**じゃ！

 おーっ、なんかかっこいい！

 「批判」と言っても、なんでも否定するということではないぞ。**物事や情報を鵜呑みにせず、「これって本当なのかな?」「他にも良い方法があるかも！」と、さまざまな切り口から考えて、今までにない革新的なアイデアやコンセプトを生み出す**のが、クリティカル力なのじゃ。

 なるほどね。

 で、お前たちに考えてもらいたい課題がこれじゃ！

わしの大好きなアイスクリーム屋《月猫アイスパーラー》が倒産のピンチ！　どうすれば話題を作って、収益が上がるようになるだろうか？既存の店とは違う、まったく新しいアイスクリーム屋にするアイデアを考えなさい。

 へ……。

 アイス？

 そうじゃぁ〜！　わしは《月猫アイスパーラー》のアイスが大の大の大の好物なんじゃぁ！　なくなると困るんじゃ！　ほれ、今日も買ってきたのじゃ。食べてみろ、食べてみろ。

 う、うま〜〜〜〜〜い!!　ああ、さわやかで、懐かしい味だなぁ。

 ホント、美味しい。このチョコとコーヒー味のアイス、昔お父さまと一緒に狩りに行ったときを思い出すなぁ。あの時食べたチョコアイスも美味しかった。
……それにしても、自分の好きなアイス屋を繁盛（はんじょう）させたいだなんて、ずいぶん私利私欲にまみれた精霊ね。魔法共和国の精霊なんだから、店を繁盛させるくらい簡単なんじゃないの？

 いや、そんなことに魔法を使ってはイカンのじゃ……そう言わずに、お願い！

 まぁまぁ、楽しそうだからいいじゃん！　僕もアイス大好物だし！

おっ！　話のわかる奴じゃぁ〜。

 クリはいつも能天気ねぇ。

 でも……何から考えたらいいんだろう？　ヒントちょーだい、ヒント！

 では、クリティカル力を使って斬新なアイデアを生みだす手順を教えよう。それをもとに考えていくのじゃ。

 おす！

 まずは 【ステップ1：前提の明確化】。課題を考える上で前提となっていることを洗い出し、整理するのじゃ。

 要するに、「《月猫アイスパーラー》で今、当たり前とされていること」を挙げていけばいいのね？

 その通り。たとえば「《月猫アイスパーラー》のライバル（競合店）は、他のアイスクリーム屋である」みたいな、当たり前のことでもいい。

 《月猫アイスパーラー》はアイスクリーム屋だから、アイスを売らなければならない。

 アイスは暑い夏に売れて、冬は売れない。

 そうそう、そのぐらい当たり前のことこそ重要なんじゃ！　その調子！

 お客さんがアイスクリームを食べるために《月猫アイスパーラー》に来店し、収益を上げるには、たくさんのアイスが売れる必要がある。

おお、それもいいね。前提がわかったら、今度は、**【ステップ2：それぞれの前提の妥当性を疑い、新たな視点を見つける】**に進もう。要は、「本当にその前提は正しいの？」と疑ってみることで、新しい見方ができるということじゃ。まずは、先ほどの「《月猫アイスパーラー》の競合店は他のアイスクリーム屋である」という前提を検証してみるのじゃ。

そうか。アイスを売ってるからアイス屋だけがライバルと思いがちだけど、そうとは限らないよね。他のスイーツ店が競合となる可能性もあるわけだし。

アイスを食べたいだけじゃなくて、休憩したいというニーズもあるかもね。だとしたら、**カフェもライバルになるかも。**

そう考えたら、**エンタメ施設なんかとも競合するかも。**

なるほど。こんな風に当たり前と思っていた前提を疑っていくのね。

その調子、その調子！　次は「《月猫アイスパーラー》はアイスクリーム屋だから、アイスを売らなければならない」「アイスは暑い夏に売れて、冬は売れない」を疑ってみるのじゃ。

アイス屋だけど、アイス以外のものも売っていいわよね。モノでもいいし、**アイスならではの体験を売る**、でもいいわね。寒い冬に部屋を暖めて食べるアイスは最高だから！

姉さん、ナイス！

 では最後の前提、「お客さんがアイスクリームを食べるために《月猫アイスパーラー》に来店し、収益を上げるには、たくさんのアイスが売れる必要がある」はどうじゃ？

 アイス以外の体験的価値を売るのなら、別にアイスだけが売れなくてもいいわけだし、**本当の目的は「体験」でもいいわ**けよね。

本当の目的は「体験」？

 ロジ姉、さえてる！

 当たり前と思っていた3つの前提が、実はよくよく考えてみると疑わしいということがわかったな。では、【ステップ3：新たな仮説の構築】じゃ。

つまり、**先ほど崩れた前提から、「じゃあ、こういうやり方はどうだろう?」とアイデアを立ててみる。** 仮説をつくれば、新しい視点や解決策が見つかることが多い。何か、新しい仮説を考えてみるのじゃ！

 ちょっと姉さんと考えさせて……！

ごにょごにょ……。

 こういうのはどうだろう？

> **仮 説**
>
> 仮説：寒い冬でもアイスを楽しめる環境を作れれば、一年中人気店になって収益が上がるのでは?
>
> アイス屋ではなくカフェやエンタメ施設を競合と見なし、《月猫アイスパーラー》ならではの体験を提供する。そのために、高単価の商品や体験型のメニューを開発し、「質」を重視した収益モデルを導入する。

 おお、よき仮説じゃ！　本来はこの仮説の検証も必要なのじゃが、今は次のステップに行こう。
【ステップ4:極端な目標を設定する】。いま作った仮説を土台として、「極端な目標」を設定するのじゃ。常識を疑い、現状を批判的に見るために、あえて極端な目標を考えてみることが有効じゃ。

 極端な目標?

 たとえば、《月影アイスパーラー》をただ立て直すのではなく、"世界一のアイスクリーム屋にする"と考えてみたらどうじゃろう?

 世界一か、大きく出たわね……!

 世界一になる、それぐらい極端なところから考えてみるのじゃ。しかしただ「世界一」と言ってもいろんな世界一がある。大事なのは、今われわれが目指すべき世界一とは何か、あらかじめ明確にしておくことじゃ。

 世界一といってもいろいろあるからなぁ。「世界一大きい」「世界一小さい」「世界一高い」「世界一安い」……。

 「売上世界一」もあるけど、それは私たちが目指す世界一とちょっと方向が違うわね。

 「世界一話題になる」「観光スポットとして世界一」とかは?

 でも、新しい仮説から考えたら、《月猫アイスパーラー》が目指す世界一はやっぱり **「世界一ユニークな体験ができるアイスクリーム屋」** じゃないかしら?　これが実現したら、結果として高収益も目指せるし。

 確かに、賛成!　「世界一ユニークな体験ができるアイスクリーム屋」になったら、話題性や観光スポットとしても世界一をねらえるね。

 では《月猫アイスパーラー》が目指すのは、「世界一ユニークな体験ができるアイスクリーム屋」じゃ。
これをもとにアイデアを出していこう。

 目指すゴールが明確になったから、アイデアを出すのが楽しみだね!

そうね！

二人、「世界一ユニークな体験ができるアイスクリーム屋」を目指して
さまざまなアイデアを出す。

 よいよいよい！　これでおぬしたち二人に、クリティカル力はすべて備
わった。

①　《月猫アイスパーラー》 の前提を洗い出し、
②　その前提を疑う、
③　そこから新たな仮説をつくって、
④　極端な目標を設定し、新しい視点を見つける。

この4つのステップを経て、おぬしたちは、ただ「つぶれかけのアイス
屋を立て直す」というところから、「世界一ユニークな体験ができるア
イスクリーム屋をつくる」というコンセプトを生み出すことができた。
では、そのコンセプトから出たアイデアをまとめて、《月猫アイスパー
ラー》の店主にプレゼンして、説得してほしいんじゃ！

 えええー、自分で言えばいいじゃん！

 いやいや、店主のムーンおばさんはガンコ者でのう……。
わしの言うことは聞かぬのじゃ。しかもアイスは夏のものだ！　と決め
つけて夏しか店を営業しない。さらに魔法の国に住んでいるのに魔
法も嫌いときてる。

 ## なんだか大変そうな……。

 君たちなら大丈夫じゃ！　ムーンおばさんを説得できれば、相当な「説
得力」が身につくぞい……。

仕方ない。やってやるか!

 わ、姉さんノリノリだ。

 せっかくいいアイデアを考えたんだから、説得したいなと思って!

 おお、さすがロジ姫、その積極性は素晴らしい。おぬしたちには私の愛するネコちゃん、セット・クゥを遣わそう。きっとムーンおばさんを説得するための知恵を授けてくれるだろう。

クリティカルシンキングの6ステップ

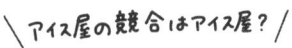

❶前提を明確にする

❷前提を疑い、新たな視点を見つける

❸あたらしい仮説の構築＆検証をする

❹極端な目標をたてる

❺目標と現状の差を確認する

❻目標達成のためのアイデア・アクションを具体化

クリティカル力

クリティカル（critical）とは、「批判的・懐疑的」という意味。**「クリティカル力」とは、前提を疑い、批判的に考える力**のことです。

ただ、「批判」と言っても、やみくもに否定するということではありません。提示された物事や情報を鵜呑みにせず、**それらの前提を疑い、批判的に考えられる能力**のことをいいます。

常識を疑い批判的に考えるクリティカル力は、近年ますます重要になってきています。

それは、私たちを取り巻く世界が急速に変わっているからです。以前うまくいった方法がうまくいくとは限らない。**「前回この方法でうまくいったのだから、次回もうまくいくはず」という考え方は通用しません。**過去の成功体験は未来の邪魔になる可能性さえあります。

時代の変化に取り残されないためには、古いやり方や考え方で本当にいいのかを常に検証し、必要であればこれまでとは違った切り口のアイデアを採用することが必要になってきます。そのためには、「まず現状を疑う」クリティカル力が重要になるのです。

クリティカル力を養う最初のステップとして、**「〇〇とはこういうものだ」という思い込みをまずは捨ててみましょう。**前提をあえて疑うことが大切です。その時、「自分の考えにはそもそも偏りがある」ことを意識します。

たとえば、ひと昔前まで、アイスクリームは夏だけの商品で冬は売れないと思われていました。しかし今や「雪見だいふく」は定番商品ですし、冬限定

のフレーバーも多く販売されるなど、冬でも売れる商品としてメーカーも力を入れています。冬は特に乳脂肪分が高いプレミアムアイスが売れるそうです。

　まず、前提や思い込みを捨てることが重要です。

　クリティカル力を鍛えるには、課題を考えるときに、以下の6つの手順を意識しましょう。

1.「当たり前だと思っている前提」を洗い出す

　現在抱えている課題や解決策における、「当たり前だと思っている前提」を洗い出します。たとえば、アイスクリーム屋で「当たり前だと思っている前提」は、以下のような例が考えられます。

①アイスクリーム屋は、アイスだけを売らなければならない

②顧客はアイスクリームを食べるために来店する

③収益を上げるには、たくさんのアイスが売れる必要がある

④競合は他のアイスクリーム店である　　など

2.各前提の妥当性を疑い、新たな視点を見つける

　それぞれの前提について、その妥当性を問い直します。「本当にその前提が正しいのか?」と問いを立て、様々な角度から検証するのです。前述のアイスクリーム屋でいえば、例えば以下のような、新たな視点を見つけられます。

①アイスクリーム屋は、アイスだけを売らなければならない

→アイスクリーム屋だからといって、アイスだけを売らなければならないワケ
　ではない。たとえば、「新しい体験的価値を売る」という考え方もできる

④競合は他のアイスクリーム店である

→他のスイーツ店、カフェ、エンタメ施設などが競合の可能性もある

3. 新たな仮説を立てて、それを検証する

「当たり前だと思っている前提」が疑わしくなったら、新たな仮説を立ててみます。それによって新しい視点や解決策が見つかることが多いからです。ロジとクリは以下のような仮説を立てました。

仮説：寒い冬でもアイスを楽しめる環境を作れれば、一年中人気店になって収益が上がるのでは？

　本文のストーリーでは、この仮説をもとに、次のステップにすすんでいますが、実際のビジネスにおいては、この仮説自体も、クリティカル力で検証する必要があります。

4. 極端な目標の設定をたてる

　新たな仮説の有効性が検証できたら、今度はその仮説をもとに、極端な目標を設定してみましょう。常識を疑い、現状を批判的に見るために「極端な目標」を立ててみることが、ブレイクスルーにつながります。本文では「世界一」というキーワードをもとに、「世界一ユニークな体験ができるアイスクリーム屋」という目標を設定しました。

5. 明確にしたゴールと現状の差を確認する

　極端な目標ができたら、現状との差を確認します。そこに到達するまでに、足りない要素などを書き出します。

6. ゴール達成のためのアイデア・アクションを具体化

　現状との差を埋めるための具体的なアイデア・アクションを考え、実行します。

クリティカル力が半端ない有名人・作品

坂本龍馬（1836～1867）幕末の志士

土佐藩の下級武士の家に生まれ、28歳の時に脱藩。全国各地を回り人脈をつくったのちに江戸へ。幕府の軍艦奉行並である勝海舟の片腕として海軍操練所（神戸）の建設・運営にかかわる。その後、長崎で「亀山社中」という日本初の商社兼私設海軍を創設。「犬猿の仲で絶対手を結ぶことはないと思われていた薩摩藩と長州藩を結び付けると幕府を倒せるのではないか？」というクリティカル力によって薩長同盟をむすばせることに成功した。

ガリレオ・ガリレイ（1564～1642）天文学者

イタリアの天文学者。数多くの業績から「天文学の父」と呼ばれる。望遠鏡を改良した天体望遠鏡により「月にも山や谷があること」「木星には4つの衛星（月）があること」などを発見。天体の動きを調べる中で、当時常識だと信じられていた「天体が地球の周りを回っている」天動説を疑い、自らの観測の結果から「地球が自転している」という「地動説」を提唱した。

佐田寅子（NHK朝ドラ『虎に翼』主人公）

『虎に翼』は日本で初めて司法試験に合格し、法曹界に飛び込んだ女性の実話をモデルにしたオリジナルストーリー。伊藤沙莉さん演じるヒロインの佐田寅子の口癖は「はて」。相手の言葉（多くの場合常識だと思って言っている）に「疑問を感じる」「納得できない」と思った時に発せられる。このように現状を疑うクリティカル力があったからこそ寅子は日本初の女性弁護士、女性判事のキャリアを歩むことができたのだろう。

第 7 章

説 得 力

いよいよ最後の思考力までたどり着いた。ラストは論理と発想を駆使して相手を動かす「説得力」だ！果たして、最高にガンコなアイスクリーム屋の店主の心は動かせるのか？

頑固なアイスクリーム屋の店主を説得しろ

エトス・ロゴス・パトスを駆使して相手の心を動かせ！

ロジ度 ★★★　クリ度 ★

ここで身につく力：説得力…クリエイティブな
アイデアを相手に提案し、採用してもらう力

この力を持った有名人・作品

北条政子／ジョン・F・ケネディ／
江戸川コナン（『名探偵コナン』）

そうして二人は《月猫アイスパーラー》にやってきた。
どうやらお店は閉まっているようだが、中に人影が……。

 あのーぅ。ムーンおばさんですか？

 ああ、そうだけど。見慣れない顔だけど、何か用かい？
今年はもう昨日で販売終了したよ。

 どうして、夏しかアイスの販売をしないんですか？

 そりゃあ、暑くなけりゃアイスは売れないからさ。

 私たち、実はいいアイデアがあるんです！　これならきっと、1年中アイスが売れます！

 ああ？　なんだいお前たちは……うっとうしいね！　帰っておくれ！

バタン！！

嫌われちゃったかな……。

 こうなったら、話を聞いてもらえるまで何度でも……！

 ニャンセンス！

 わー！　びっくりした！

 急に何？　このネコ、しゃべってるんだけど。

 吾輩（わがはい）は説得力があるネコ、セット・クゥである。

 さっき、精霊ル・クリティカが言ってたネコじゃないの？

 どんないいアイデアを持っていても、説得力がないと、そのアイデアは実現しないから意味がニャいのである。

 どうしたら説得力が身につくか教えてよ。

 あんた、ネコがしゃべっているのを簡単に受け入れてるわね……。

 そのむかし、吾輩が師と仰いだアリストテレス殿が発見した **《説得の3原則》** を教えるニャ。合言葉は、エトス、ロゴス、パトス！

 初めて聞く言葉が出てきた。

 呪文みたい。

 まずは……。

説 得 の 3 原 則 ① エトス

入口で門前払いをされないための、信頼による説得

 どんなにいいことを言ったとしても、信頼してない相手からの言葉では、説得されないのニャ。

 信頼されてなかったらどうすればいいの?

 エトスを高める方法はいろいろある。わかりやすいのは**地位、専門性、経験値、人柄、容姿などの要素**ニャ。

 つまり、まずはあの店主に、私たちを信用してもらう必要があるってことね。

 何を言ったら信頼してもらえるかな?

 私たちが王族だってことをアピールするとか。

 あんまり権威になびくような人には見えないけど……。かといって姉さんの「人柄」じゃムリそうだし。

何か言ったかしら？

 じゃあ何があるのさ！

 私たちはこれまで、たくさんの賢者たちに会って修行してきたじゃない！　それは大きな強みじゃないかな？

 なるほど！　それは「専門性」のアピールになるね。

説 得 の 3 原 則 ②　　ロ ゴ ス

「なるほど!」とシンプルに腹落ちさせるためのロジック

 次はロゴス。**論理や言語による説得法で、「なるほど!」と思ってもらえるロジックがないと、人は説得されない**のニャ。

 姉さんの得意分野だね。

 これはデータで提示できるといいわね。

説得の3原則 ③　パトス

熱意やストーリーを伝えて、相手の感情を揺さぶる

 最後はパトス。**「どうしても実現したい！」という熱意や、相手の感情を揺さぶるストーリーによって説得する方法**ニャン。

エトス、ロゴス、パトスの3つの要素をキチンと入れて相手に伝えることが、説得の3原則ニャン。

 新しいアイス店のアイデアを本気で伝えて、ムーンおばさんの心を揺さぶるストーリーを語る、ってことだね。

 そういうの、クリが得意なんじゃないの？

 まかせて！

 では、説得で語るべき要素が決まったら、あとは実践あるのみだニャン！

 ちょっとドキドキするけど、ここまでやってきた僕たちなら、大丈夫！

ピンポーン。

 はいはいどちら……ってまたあんたたちかい！　ったく、厄介なのに絡まれちまったねぇ。帰った帰った！

 ちょっと待って！　僕たち、あなたのアイスを食べたんです。

 なんだって？　今年のアイスは終わったのに、何言ってるんだい。

 この前、精霊ル・クリティカが食べさせてくれました。

 またあいつ、余計なことを！

 初めて食べたんですが、本当に美味しかった！

 ……。

 だから、もっといろんな人に、夏だけでなく、いろんな季節で食べてほしいと思っているんです。

 アイスは夏のものって決まってるんだよ。

 すみません、申し遅れました。私たちは思考王国シンキングダムの王位継承者、ロジとクリです。私たちの国は、いろんな課題を解決する、アイデア輸出産業で栄えています。まだ子どもかもしれませんが、**王国を背負うものとして、小さい頃から課題解決の教育を受けてきました。**

 ほぅ、ご立派な方々なんだね。

 そして僕たちは、木の精霊ル・クリティカ、そしてレジリ・エンス、ラテ・

ラールや、ロード・リー……**さまざまな賢者から、たくさんの思考力を学んできました。**

 ほう、聞いたことのある名前だね。アタシでも知ってるぐらいだから、立派な賢者なんだろうね。でも、ウチみたいなアイスクリーム屋が繁盛店になるなんて考えられないけどねぇ。

 （なんだか、ちょっと話を聞いてくれそうな雰囲気?）

 （エトス＝信頼性をアピールできたみたい!）

 私たち、あなたのアイスを初めて食べたとき、いろんな思い出がよみがえってきたんです。
例えば、チョコとコーヒーのアイスクリーム。初めてお父さまに連れられて、クリと狩りに行った時のことを思い出したなぁ。私たちが獣に襲われそうになったところを、お父さまが助けてくれたの!
ほろ苦くてかたいカカオニブと、甘くてふわふわのマシュマロが、スリルとワクワクを表現しているように感じました。

 僕は、レモンとミントのアイスクリームが好きだなぁ。なんだか夏の日のプールを思い出して懐かしくって。
顔に水がつけられなかった僕を、母さんがずーっと付きっきりで、何度も何度も練習に付き合ってくれた。初めて25メートルが泳げたときの感動と、母さんのあの嬉しそうな顔、忘れられないな。

 フン……そうかい。

 （ちょっとパトス＝感情も上がっているんじゃないかしら?）

 （パトスの次は、ロゴス＝論理でもうひと押し……!）

仕方ないね、そのアイデアとやらを聞いてやろうじゃないか。

 やったー!　ありがとう!

 実はアイスは、夏以外にも食べられているんです。

 遠い東の国"ニッポン"にあるホッカイドウという島は、冬は雪が降り積もるほど寒いのに、アイスがものすごく売れるんです。

 ほう。

 実は、外が寒いから家の中の暖房設備が充実していて、暖かい室内でアイスを楽しむ人が多いからなんです。

 へえ、そうなのかい?

 それを踏まえた上で、僕たちはこんなアイデアを考えました!　その名も**"ストーリー・オブ・アイス"**。

 冷たいアイスに、温かい物語を組み合わせることで、《月猫アイスパーラー》を唯一無二の店にするというものです。

 そう、《月猫アイスパーラー》は、冷たいアイスを売るのではなく、温かい物語を売る店になるのです。

 温かい物語……?

 つまり、**アイスを媒体にして、人と人のコミュニケーションを深める店**です。

実際、良い物語に触れると、人の心は揺さぶられます。人は感情が高ぶることで、少しくらい価格が高くても手に入れたくなるという調査結果があります。

 店内はもふもふのソファにおしゃれなテーブル、まさにチルな空間!

 お客さんは、ゆったりくつろぎながらアイスを楽しめます。店内では、さまざまなデータから導き出した、最もアイスを食べたくなる室温が常にキープされています。

 アイスはそれぞれ、**テーマが異なる特別なフレーバー**を用意します。それを注文したら、**お客さんはそのテーマをもとに語り合います**。友人、家族、パートナーなど、一緒に来た人とふだん話さないようなことも話せるかも。

 もちろん、一人で来た人も大丈夫! 壁にはみんなの物語をシェアする掲示板があって、他の人のストーリーを読んだり、自分のエピソードを書き込んだりできます。フレーバーの物語をテーマにした、アート作品の展示コーナーもあります。

 お客さんは、《月猫アイスパーラー》に来ることで、冷たいアイスを食べるだけでなく、**温かい物語に触れる**という、ここでしかできない体験ができるのです。

 ……。

 ここからはより具体的な話をさせてください。すでにお店で売られているアイスをもとに、トークテーマになりそうなフレーバーを考えてみました。たとえば……。

ストーリー・オブ・アイスのフレーバー

 **初恋の記憶**
チョコレートとラズベリーのアイスクリームに、ホワイトチョコ
レートをトッピング。初恋の甘酸っぱさとワクワク感を表現し
ています。

 **旅の思い出**
ココナッツとマンゴーのアイスクリームに、ラム酒ソースとパイ
ナップルをトッピング。旅の記憶を思い出させるトロピカル
な味わいです。

 **あの夏の日**
レモンとミントのアイスクリームに、ブルーベリーをトッピン
グ。10代の楽しい夏の日を思い出させる、爽やかで涼しげな
フレーバーです。

 **秘密の隠れ家**
抹茶とホワイトチョコレートのアイスクリームに、アーモンドと
ラズベリーソースをトッピング。子どもの頃に見つけた秘密
の隠れ家を思い出させる、落ち着きと甘酸っぱさが特徴のフ
レーバーです。

 **わたしのパワースポット**
グリーンティーとハチミツのアイスクリームに、ハーブをトッピ
ング。清冽な香りに力が湧いてくる、五感で味わうフレーバー
です。

 **初めての冒険**
コーヒーとチョコレートのアイスクリームに、カカオニブとマ
シュマロをトッピング。初めての冒険のスリルと興奮を表現
する、ビターで甘いフレーバーです。

お客さんたちが、これらのテーマをもとに、店内で語り合っている光景を想像してみてください。ワクワクしてきませんか?

 いつ来ても楽しめますが、特別な夜もご用意します。

 その名も**"ストーリー・ナイト"**!

 その場に集ったお客さん同士が、自分のストーリーを語り合うイベントです。自分の人生の特別な瞬間や思い出を語り合います。

 その日は特別に、アイスクリームのフレーバーをお客様の物語に合わせてカスタマイズするサービスも!

 《冷たいアイスを媒体に、温かい物語を届ける》というコンセプトを作ることで、これ以外にも、たくさんのアイデアを考えることができそうです。

 私たちの提案する "ストーリー・オブ・アイス"、いかがでしょうか?

ムーンおばさんはうつむいたかと思うと、ぽろぽろと大粒の涙を流して泣き出した。

 えっ!?

 ごめんなさい、僕たち何かヘンなことを……。

 やるよ。売るよ。物語を。

 今、なんと?

 今あんたらが言ったアイスのフレーバーは全部、亡くなった夫との思

い出をもとに作ったんだ。

 ……そうだったんですか。

 全部全部、大事な思い出さ。でも、夫を亡くした夏の終わりの日が来ると、もうその年はアイス屋を開いていられなくなるんだ。

 もしよかったら、お話を聞かせていただけませんか？　思い出のアイスを食べながら……。

 "ストーリー・オブ・アイス"、記念すべき初回だね。

その様子を陰で見守っていた1匹の猫がいた。

 二人とも、なかなかやるじゃニャいか。ニャーでもできなかった、あの主人の心を解かすとは。

アリストテレス説得の三要素

エトス

- 権威：地位、役職、学歴 など
- 専門性：資格、肩書き、体験 など
- 信用度：人柄、実績、知性、価値観 など
- 魅力：社交性、行動力、容姿 など

パトス

- 熱意や情熱（パッション）
- 聞き手の感情をゆさぶる
- 話し手のストーリーを語る

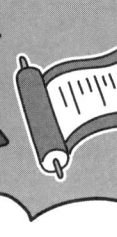

ロゴス

- 論理（ロジック）：演繹法、帰納法 など
- レトリック：比喩、誇張、反語、倒置 など
- 言葉のリズム：列挙、反復、対句、韻 など

プレゼンの際は ❶エトス ❷ロゴス ❸パトス の順に伝えよう。
だが重要度としては エトス＞パトス＞ロゴス の順に大事ニャ。
人は理屈だけでは動かないのニャ〜

説 得 力 と は

ロジクリ思考のラスボスともいえる存在が **「説得力」** です。

　人間ひとりにできることには限りがあります。**いくらユニークで画期的なアイデアを考えついたとしても、自分以外の誰かを説得できなければ、実現しないことが多い**のです。

　しかし、ユニークなアイデアを考えつく、クリエイティブ思考に優れた人は、往々にしてこの「説得」が苦手です。なぜそのアイデアが重要か、論理的に説明できなければ、どれだけクリエイティブなアイデアを考えついても実現には至りません。

　一方で、「ロジカルに説得することが得意」と思っている人にも落とし穴があります。説得は論理的であることが基本ですが、それ以上に大切なことがあるからです。

　古代ギリシアの哲学者アリストテレスは、『弁論術』という本の中で、**人を説得する時には3つの要素が必要**だと述べています。

①　エトス：信頼による説得法
この人が言うことなら信頼できると思わせること。
例：地位、専門性、経験値、人柄などの要素。

②　パトス：感情による説得法
聞き手の感情を揺さぶることで共感を得ること。
例：熱意を伝える。話し手のストーリーを語るなどの要素。

③　ロゴス：論理による説得法

納得できる論理展開で語ること。

例：データや統計に基づいて説明する。比喩やレトリック、リズムなど言葉
　　を使った要素。

　この3つの要素をそろえることで、相手が納得して行動してくれる可能性が高まるのです。特に、**プレゼンなど何かを提案する場では、まず自分（話し手）のエトス度を高めておく**ことが重要です。聞き手は、何を言うかより、誰が言うかを重視することが多いからです。

　プレゼンの際は、エトス→ロゴス→パトスの順で行うのが効果的です。まず「この人の言うことなら聞こう」というエトスを勝ち取った上で、「論理的になぜこの案が有効なのか」とロゴスによる説得を行い、最後に「どうしても実現したい」という熱意を伝えると、聞き手は「採用したい」という気持ちになりやすいからです。

　説得力を増すための細かなテクニックはさまざまありますが、まずは**「エトス」「ロゴス」「パトス」の要素をきちんと伝えられているか**を検証しましょう。

説得力が半端ない有名人・作品

北条政子(1157〜1225)鎌倉時代の政治家

　鎌倉幕府初代将軍・源 頼朝の妻で尼将軍と呼ばれた。頼朝の死後、将軍になった二人の息子がそれぞれ非業の死をとげ、幕府と朝廷は対立。後鳥羽上皇は鎌倉幕府追討の命を出す。動揺する御家人たちを前に政子は「頼朝公のご恩は山よりも高く、海よりも深い」と、ロゴスとパトスがこもった演説をして、彼らの気持ちをひとつにした。

ジョン・F・ケネディ(1917〜1963)第35代アメリカ大統領

　大統領に当選したのは東西冷戦時代で、宇宙開発競争でアメリカはソビエト連邦に大きく水をあけられていた。1962年、ケネディはライス大学で「私たちは月に行くことを選択する」とロゴスとパトスを交互に織り交ぜたスピーチを実施。聴衆は熱狂し、宇宙開発に消極的だった世論は大きく変わった。このスピーチは「ムーンスピーチ」と呼ばれ、アポロ計画の発端となり、7年後人類は初の月面着陸に成功した。

江戸川コナン(毛利小五郎)(『名探偵コナン』)

　青山剛昌による日本の推理漫画作品のキャラクター。黒ずくめの組織によって体だけ子どもになった高校生探偵・工藤新一が、江戸川コナンと名乗り正体を隠しながら数々の事件を解決していく物語。しかし、見ためは子どものため、推理をしても説得力がない。そこで工藤新一の幼なじみ・毛利蘭の父で私立探偵の毛利小五郎を眠らせ、彼が代わりに推理するという体をとることで、エトス度を高めている。

ホロリ…

あぁ、お二人とも
ご立派になられて…
エンスは・うれしゅう
ございます…

プレゼン力

ついにすべての力を手に入れたロジ姫とクリ王子は、国王の待つシンキングダムに帰ってきた。国王の難題を解くことはできるのか？　二人の、最後のプレゼンがはじまろうとしている——。

やっとシンキングダムに帰ってきたわね。あの試練からもう1ヶ月……明日が、期限の日ね。

 なんだか長かったような、短かったような。

 もう、感傷気分にひたってちゃダメよ！　ここからが本番なんだから。

 わかってるって！　これまでの旅で手に入れた思考力を使って、最高の解決策を考えよう！

 あんたも、この旅でちょっとはたくましくなったみたいね。今まで得た力をまとめると……。

- 諦めずに考えつづける「レジリエンス力」
- 思考の次元を変える「ラテラル力」
- とにかくアイデアの数を出す「リロード力」
- たくさん出たアイデアを整理する「分類力」
- 魅力を伝えるのに不可欠な「ネーミング力」
- 前提から疑う「クリティカル力」
- 感情と論理で相手を納得させる「説得力」

 ずいぶん、いろんなことを学んできたね。

 この7つを並べるとしたら、どんな順番になるかな？

 あえて順番にするとしたらこんな感じかな。

① 諦めずに考えつづける「レジリエンス力」を常に持ちながら
②「クリティカル力」で前提を疑い、ゴールを明確にする
③「リロード力」でアイデアの数を出す
④ 途中、「ラテラル力」でアイデアをさまざまな次元に飛躍させる

⑤ 生み出したたくさんのアイデアを「分類力」で整理する

⑥「ネーミング力」で整理したアイデアを特徴づける

⑦ エトス・パトス・ロゴスを意識しながら「説得力」あるプレゼン
　　をする

 クリ、ずいぶんと物事を整理する力がついたじゃない！　このロード
マップをもとに考えてみよう！

 おう!!

 あらためて課題を確認してみましょう。

 王 の 試 練

「どうしたら人々のアイデアの質と量を高め、イノベーションが起こり
やすい環境をつくることができるか」、二人で協力してユニークな解
決策を考え、私にプレゼンするのだ!

 壮大すぎて、どこからどう手をつけたらいいか……。

 具体的なアイデアを出していく前に、まずは切り口を考えてみようか！

 たしかに！　さすがロジ姉！

 たとえば、**場所から考えてみるのはどう?**　こういう場所でイノベー
ションを起こそうっていう。会社、家庭、学校、公共施設、公道、商業施
設……。

せっかくなら、単発のイベントや取り組みじゃなくて、これからも続く持続可能なものや、根本的な解決になるようなことをしたいね。

 それならやっぱり"学校"じゃないかなと思う。**「教育」の切り口から考える**のはどうかな。

 いいね、賛成!

 さっき図書館に行ったとき、手にとった本に書いてあったんだけど、私たちの基本的な価値観とか人格って、だいたい10歳までに形成される、っていう研究があるらしいわ。

 10歳まで……。
だったら、小学校にアプローチしてみるのはどうだろう?

 そうしましょう! 場所は絞れたけど、具体的にどうやって、小学校の中でイノベーションを起こす環境をつくればいいんだろう。なにかワクワクする問い、ないかしら?

 あ! 僕ひらめいちゃった!

"もし小学校に新しい教科を導入するとしたら?"

これ、考えるの、すごくワクワクしない?

 さすがクリね、すごくいいわ!

 えっへん!

いま学校にある教科や、授業の常識って何かしら？　**「クリティカル力」を使って前提を疑っていく**と面白いアイデアが出てきそう。思いつく「学校の前提」は……。

- 教室で椅子に座って授業を受ける
- 先生が教えて、生徒が学ぶ
- すでに答えが確立されたことを学ぶ
- 先生が「答え」を教えてくれる

 うんうん、ここから型を破ったり、新しい教科ができそうな予感がする。具体的なアイデアも出していこう！　もちろん、**なるべく視点や次元を変えながら"ラテラル"に**ね！

- ゲームの授業
- サバイバルの授業
- 美容・メイクの授業
- 恋愛・ジェンダーの授業
- フェスの授業
- 家事の授業
- 探偵の授業
- ぬいぐるみの授業
- ショッピングの授業
- 天気予報の授業
- ヨガの授業
- メタバースの授業
- マーケティングを学ぶ授業
- SNS投稿の授業
- 先生が「教えない」授業
- 生徒が「教える」授業
- 椅子に「座らない」授業
- 授業をつくる授業　etc…

えっと、そしたらこの次はなんだっけ……?

 "分類"ね。4象限マトリクスで整理してみましょう。

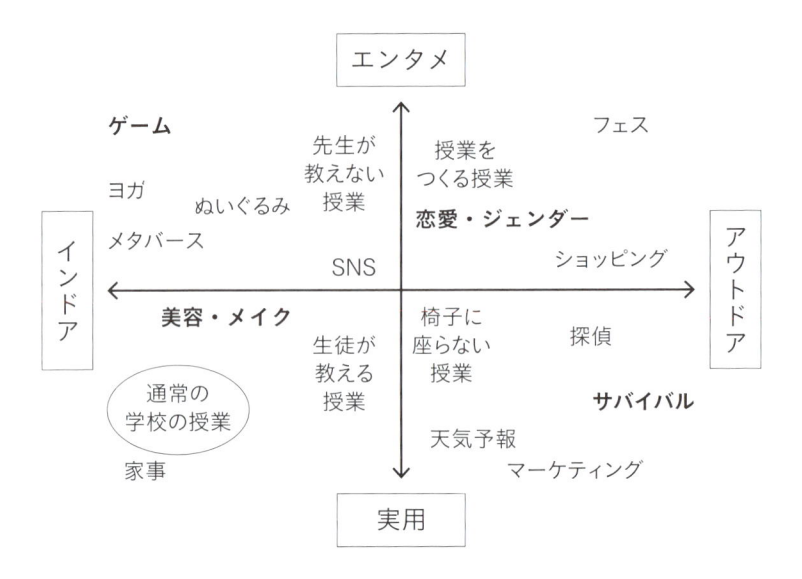

 ふぅ、ここまで整理できた!

 じゃあ、領域がかぶりすぎないようにしながら、3つくらいのアイデアに絞ってみよう。3つに共通するコンセプトは……。

 「小学校に新教科を導入して、ロジカルでクリエイティブな人材を育成する」、これでどうだろう?

 決まり!　じゃあ、さっき出したアイデアから、3つに絞るなら……。

❶モテ科（実用／エンタメ半分、インドア／アウトドア半分）
→ファッション、言動、ジェンダー、スキンケア、美容、メイクアップを学ぶ授業

❷ゲーム科（エンタメ、インドア）

→戦略、努力、チームワーク、感情コントロールを学ぶ授業

❸サバイバル科（実用、アウトドア）

→無人島でどう生きるか、ロープ、火の起こし方、心臓マッサージなど
　人命救助、魚のとりかた、クマと遭遇したときの対処法、雷にうたれ
　ないためには、などサバイバル能力を学ぶ授業

 面白そうなアイデアが出てきたわね。では、説得力のあるプレゼンを
考えましょう！

 説得の3原則を使って考えると……。

① **エトス（信頼できる理由）**：私たちは7人の賢者から、さまざまな
　　思考力を学んできた。
② **ロゴス（論理展開）**：人格形成の基礎となる小学校教育から変
　　えていくことこそ、最も根本的で持続的な解決方法だから。
③ **パトス（熱意）**：私たちは、この旅を経てロジカル×クリエイティブ
　　な思考力を手に入れた。次は未来ある子どもたちがその力を身
　　につけて、国中でイノベーションを起こす番。その環境は、たくさ
　　んの試練を乗り越えてきたロジとクリ、私たちだからこそ作れる！

 私たちが身につけたロジカル×クリエイティブな思考力……。何かい
いネーミングはないかしら？

 ロジとクリ、僕たちだからこそ、身につけられた能力……あっ、そうか！

 # ロジクリ思考！

 よし、これで準備はバッチリね。

僕、プレゼン資料作るよ！

 私はスピーチ原稿を考えるわ。話すときは、クリの言葉に直してもらって構わないから。

 ありがと！

 こちらこそ！

そして、二人はついに、国王シンキングのいる宮殿にやってきた。

 おお、お前たち、ようやく帰ってきたな。たった1ヶ月で、顔つきが見違えるようじゃ。では聞かせてもらおうか。この国に、イノベーションを起こす方法を！

 それでは、こちらの資料をご覧ください。

ロジクリ教育で
イノベーションあふれる国に

ロジ姫・クリ王子

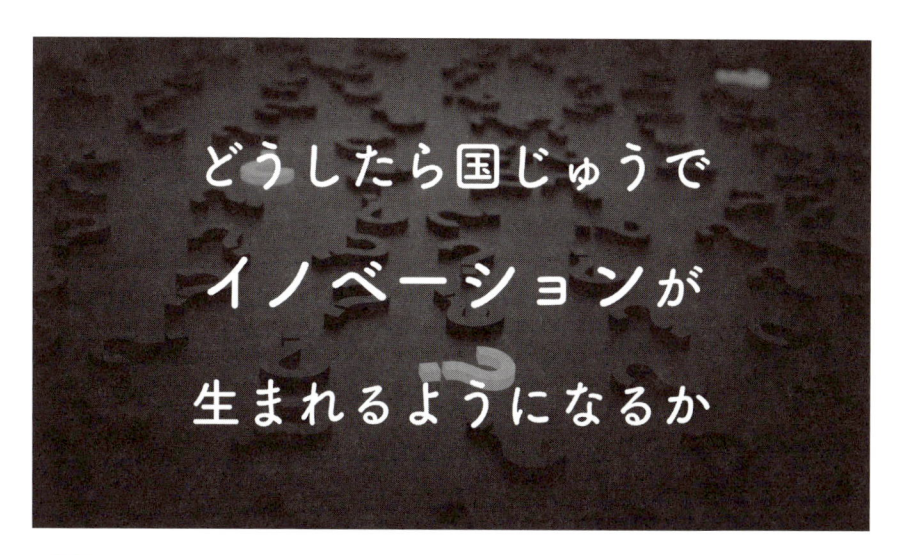

**どうしたら国じゅうで
イノベーションが
生まれるようになるか**

僕たちは、"どうしたら国じゅうでイノベーションが生まれるようになる
か"という課題を出されました。そのテーマはとても難しく、僕たちは途
方に暮れました。

思考力修行の旅で学んだこと

❶ 諦めずに考えつづけるレジリエンス力

❷ 思考の次元を変えるラテラル力

❸ アイデアの数を出すリロード力

❹ アイデアを整理する分類力

❺ 魅力を伝えるのに不可欠なネーミング力

❻ 前提を疑うクリティカル力

❼ 感情や論理で人を納得させる説得力

これまでの思考力では太刀打ちできない。私たちはパワーアップする
ために、思考力を強化する旅に出ました。この旅を通じて、このような
力を得ることができました。

ある気づき

ロジカル思考とクリエイティブ思考は

対立するものではない！

▶ <u>組み合わせる</u>ことで大きな成果を生み出す

 そこで気づいたのは、ロジカル思考とクリエイティブ思考は対立するものではなく、**組み合わせることで大きな成果を生み出す**ということです。

ロジクリ思考

 私たちはそれを 《**ロジクリ思考**》 と名づけました。

ロジクリ思考

国民が「ロジクリ思考」を身につける

<u>アイデアの質と量</u>が高まる

イノベーションが起こりやすい環境に

国民全員がこの《ロジクリ思考》を身につけることができれば、アイデアの質と量を高め、イノベーションが起こりやすい環境をつくることができます。

でも、国民が身につけるには？

私たちは、この旅で幸運にも「ロジクリ思考」を学ぶことができた

でも、国民みんなが身につけるには？

・本を配る？

・会社で研修をする？…

僕たちは旅を通して、《ロジクリ思考》を身につける幸運を得ましたが、国民皆がこのような旅をできるわけではありません。
では、どうしたら国民全員が《ロジクリ思考》を身につけることができ

るでしょう？　『ロジクリ思考』という本を書いて全家庭に配るのもよし、我々が講師になっていろいろな会社に出向いて研修をするのもいいかもしれません。

まずは子どもに

もちろん全員が身につけるべき能力だが、

大人は過去のしがらみや成功体験も多く、

思考法を変えづらい

▶まずは**子どもの教育**から変えるのはどうか

しかし、我々はもっと抜本的なアイデアを思いつきました。《ロジクリ思考》は大人にも身につけてほしい能力ですが、大人になればなるほど、過去のしがらみや成功体験が邪魔をして、まったく新しい思考法を身につけるのは難しかったりする。だとしたら、多少時間がかかったとしても、まずは子どもへの教育から変えていくのが、一番の早道ではないでしょうか？

全ての学校に『ロジクリ教育』導入

 我々は、すべての学校に **《ロジクリ教育》** を導入することを提案します。1週間のうち1コマを《ロジクリ思考》を学ぶ時間にするのです。

学校でのロジクリ教育

・1週間のうち1コマを「ロジクリ教育」に

・1年で1サイクル

　1学期でロジクリ思考そのものを学習
　▶2学期で学習する教科を決定し、計画
　▶3学期で実際に受講、学んだことを発表

 1学期では、ロジクリ思考そのものを学習します。2学期はその経験をもとにして、学習する教科を決定し、授業の計画を立てます。そして3学期で、実際に学んだことを発表します。

3つの新科目を提案

❶モテ科　　**❷ゲーム科**　　**❸サバイバル科**

 私たちが考案した3つの教科を紹介します。

① モテ科

「モテ」という言葉から連想しやすいファッションやスキンケア、メイクアップといった技術を学ぶのはもちろんのこと、身だしなみやコミュニケーションなど、恋愛に限らない「好かれる人になること」を目指します。歴史や生物学の視点から、恋愛やジェンダー、パートナーシップの理論も学べます。

② ゲーム科

ゲームと聞くと、授業とは正反対の「遊びの象徴」のように捉えられがちですが、実はゲームからは多くのことを学べます。
例えばFPS（一人称視点シューティングゲーム）など、複数人でチームを作って戦うゲームでは、戦略を立ててチームで実践する、あるいは勝っても負けても感情をコントロールするなど、実生活にも応用できる力を身につけることができます。

③ サバイバル科

究極のレジリエンス力を鍛えることができるのがこのサバイバル科で

す。

ロープの結び方、火の起こし方、心臓マッサージなどの人命救助の方法、魚のとりかた、クマと遭遇した時の対処法、雷にうたれづらくする方法など、危機的な状況で命を守る方法を学ぶことができます。

 想像してください。全国の学校で、このようなさまざまな新教科がうまれてくる未来を。それぞれの教科で学んだ生徒たちが、お互いに化学反応を生み出し、大きく学校教育が変わっていく未来を。そんな彼らが大人になって社会に出て《ロジクリ思考》を使ってさまざまなアイデアやイノベーションを生み出していく未来を。

実現に向けて

 これをプレゼンだけで終わらせたくはありません。国王のお許しを頂けたら、実現に向けて二人で具体的に動いてまいります。我がシンキングダムの抜本的な教育改革を、お姉さまと二人で実行させてください。

ありがとうございました

 以上で、私たちのプレゼンは終わりです。
ご清聴ありがとうございました。

す、素晴らしい……まさかここまで力をつけてくるとは、想像以上じゃった！！

 本当ですか、お父さま！

 嬉しい！

 涙が出るわい……亡きシンクイーンも、天で安心しているはずじゃ。ようし、今すぐこのアイデアを実施するために緊急会議じゃ！

 やったー！　じゃあ僕はこれで、ゆっくりおやつを食べに……。

 もちろんお前たちも参加するんじゃぞい？

 えーっ!?

 会議に私たちも？　光栄です。一人前と認めていただいた証拠よ、クリ！

 糖分がないと頭が働かんからな！　おやつの持ち込みを許可するぞ！

 まあ、それなら良いかなぁ〜。

 あんた、口ではそう言ってるけど、これからどうやって計画を進めていこうか、ワクワクしてるように見えるわよ。

 そういう姉さんこそ、楽しいアイデアがどんどん浮かんでいるんじゃない？

 私たち、この旅でだいぶ変わったのかもね。

ククク、この国の未来は安泰そうじゃの。

ロジとクリの考えたアイデアで、シンキングダムは活気を取り戻した。

この旅でお互いの強みを理解し、学び合い、ロジクリ思考を身につけた双子は、二人がともに国王になり、国を治めていくという異例の王位継承をした。

そしてシンキングダムは、イノベーションを次々と起こす国となり、GDI（国内総アイデア量）と人々の幸福度は上昇、さらに豊かな国となったそうな。

めでたし、めでたし!

もっと他にも面白い授業がありそうじゃ！
ロジクリ教育を進めるために
ぜひ皆さんも「新しい教科」を考えてくれんかの？

もし小学校に 新しい教科を導入するとしたら？

科目名：_____ 科

授業の内容・身につけることができる力：

お名前：_____

いいアイデアを
よろしく！

一緒に
感想ももらえたら
嬉しいなー！

このページを撮影して

#ロジクリ思考

でぜひ、SNSに投稿してください！
私たちも見に行きます！

こんにちは！　もうひとりの著者、グラフィック・クリエイターの春仲萌絵です。ロジクリ修行の旅、おつかれさまでした。いかがだったでしょうか？

この本を読んだあなたが、少しでも「ロジクリ思考」を身につけて、仕事や学習・研究などに役立てて下さったらこれにまさる喜びはありません。

本書はコピーライターの川上徹也さんとの2冊目の共著になります。川上さんとの作戦会議の中でこの企画が生まれ、みんながロジクリ思考を身につければ、働く人も学ぶ人もそして組織でさえもブレイクスルーできるのではないか、という想いから書籍化したものです。

前作『もえとかえる　ことばのふしぎ大冒険』では、川上さんが文章で私が絵という役割分担でしたが、今作はプロットを元にシナリオも書きました。楽しすぎて遊びすぎてしまったところは編集者の出来幸介さんに調整していただきました。

他にも出来さんには「RPGっぽい世界観にしたい！」「普通のイラストでなくドット絵が合う気がする」「マップを付録的につけたい！　4色で！」など、たくさんのわがままを聞いていただきました。本当にありがとうございます。

また中身・装丁ともに素敵な本にしていただいたデザイナーの奈良岡菜摘さんにも感謝です！

私のメインのお仕事である「グラフィックレコーディング（グラレコ）」は、イベントや会議などの場でリアルタイムに手書きで1枚の図解にまとめる手法のことですが、まさにロジとクリを反復横跳びするような行為です。

全体レイアウト、色づかい、具体度と抽象度の把握、キーワードのアイコン

化などなど、ロジクリ思考が必要な場面ばかりです。絵だけでいえば私より
うまい人は星の数ほどいると思いますが、「リアルタイムで瞬時に話の要点
をまとめあげていくロジカル思考」と「さまざまなアイデアを思いつきそれ
をかわいい絵でアウトプットするクリエイティブ思考」を高いレベルと速いス
ピードで両立できる人は少ないのではと自負しています。

　ですが、瞬発力を発揮するグラレコが短距離走なら、本を一冊仕上げるこ
とはマラソンのように持久力のいる仕事です。本書自体が「ロジクリ思考」
の塊なので、時には「ロジ」の役目を、また時には「クリ」の役割を担いな
がら打ち合わせや制作を進めていきました。持久力のない私は途中何度か
くじけそうになりましたが、皆さんのおかげで何とか完走することができまし
た。本書の執筆を通じて私自身も、レジリエンス力をはじめさまざまなロジク
リ力がずいぶんと鍛えられた気がします。

　あなたもぜひ、自分のなかの「ロジ」と「ク
リ」を育てて、仲良くさせてあげてくださいね！
　私も、私の中のシンキングダムの立派な王に
なれるよう、頑張ります。

春仲 萌絵

追伸
　川上と春仲は「『ロジクリ思考』という考え方を子どもから大人までみんなが
身につければきっと日本の未来のためになる」と思っています。
「ロジクリ思考」をより実践的に学ぶための企業研修や学校での授業なども、時
間の許す限り二人で実施していけたらと考えておりますので、「この能力は、シンキ
ングダム同様に日本にも必要だ」と共感いただいた方はぜひお声がけください。

川上徹也（かわかみ・てつや）

コピーライター　湘南ストーリーブランディング研究所

大阪大学人間科学部卒業後、大手広告代理店勤務を経て独立。「ストーリーブランディング」という独自の手法を開発した第一人者として知られ、講演・研修等を通じて全国に広げている。著者に『物を売るバカ』（角川新書）、『キャッチコピー力の基本』（日本実業出版社）、『あの日、小林書店で。』（PHP文庫）など多数。海外6カ国に20冊以上が翻訳され、台湾・中国ではベストセラーとなっている。

春仲萌絵（はるなか・もえ）

グラフィック・クリエイター　ハルナカアート

1997年生まれ。学習院大学経営学科卒業。在学中よりグラレコを始め、現在は場を彩る「グラフィック・クリエイター」として、トヨタなど大手企業や東京都・外務省など行政のグラフィックを制作。またテレビ朝日などの番組でのグラレコ、『ChatGPT vs. 未来のない仕事をする人たち』（堀江貴文、サンマーク出版）の図解イラストなども手がける。著書『もえとかえる ことばのふしぎ大冒険』（講談社）。

ロジクリ思考
本当に頭のいい人はロジカル×クリエイティブで考える！

2025年　3月　5日　第1刷発行

著　者	川上徹也、春仲萌絵
発行者	佐藤　靖
発行所	大和書房
	東京都文京区関口1-33-4
	電話　03-3203-4511

ブックデザイン	奈良岡菜摘
イラスト	春仲萌絵
DTP・図版作成	マーリンクレイン
校正	円水社
編集	出来幸介
本文印刷所	シナノ印刷
カバー印刷所	歩プロセス
製本所	ナショナル製本

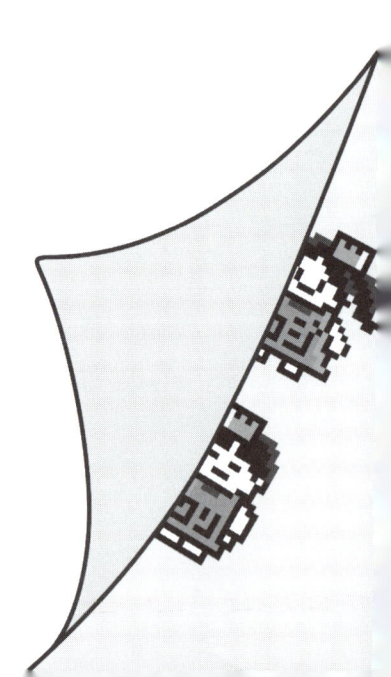